CALLWEY

Arno Lederer
Bettina Hintze

Die besten Einfamilienhäuser unter 150 m²

HÄUSER·AWARD 2004

DER WETTBEWERB **HAUS DES JAHRES** IN ZUSAMMENARBEIT MIT **SCHÜCO** UND **BDA**

ARNO LEDERER
BETTINA HINTZE

Die besten Einfamilienhäuser unter 150 m^2

DEUTSCHLAND · ÖSTERREICH · SCHWEIZ

CALLWEY

Inhalt

Vorwort

Häuser unter 150 Quadratmetern sind eine Herausforderung. Wenn Platz und Budget Grenzen setzen, geben viele schnell auf. Bauherren ahnen oft gar nicht, was trotz mancher Beschränkungen möglich ist. Und Architekten vergessen in diesem Fall gern ihren Leitspruch „Weniger ist mehr“ und halten nach lukrativeren Aufgaben Ausschau. Dabei sind gerade kleinere Häuser die gefragtesten. Und wo, wenn nicht unter den erschwerten Bedingungen eines knappen Raumangebots, kommt es ganz besonders auf fantasievolle Entwürfe und intelligente Problemlösungen an?

Das Magazin HÄUSER zeigt seit 25 Jahren, dass große Architektur auch in kleinem Maßstab möglich ist und Wohnqualität weniger eine Frage des Geldbeutels als der Kreativität ist. Übrigens gehören jene Hefte, die kleine Häuser vorstellten, zu den bestverkauften – was Architekten zu denken geben sollte.

Um dem qualitätvollen Eigenheimbau noch mehr Aufmerksamkeit zu verschaffen, haben wir den mit 12 500 Euro dotierten Wettbewerb „Haus des Jahres“ ins Leben gerufen und uns dabei der Unterstützung zweier starker Partner versichert: Die Schüco International KG, der führende Hersteller von Systembauteilen, richtet sich neuerdings verstärkt auch auf den Einfamilienhausbau aus. Der Bund Deutscher Architekten, BDA, hat bereits mehrere HÄUSER-Wettbewerbe unterstützt. Außerdem übernimmt der Callwey Verlag die ausführliche Dokumentation des Wettbewerbs und veröffentlicht die dreißig besten Einreichungen in diesem Buch. Alle Partner haben die Ausschreibung europaweit verbreitet. Teilnahmeberechtigt waren Büros aus allen EU-Ländern und der Schweiz mit Projekten, die nach dem 1.7.2000 fertig gestellt wurden. Die Beteiligung war nicht ganz so stark wie bei früheren Wettbewerben. Zum einen lag das an der schwachen Baukonjunktur, zum anderen bestätigte sich, dass kleinere Häuser tatsächlich zu den Stiefkindern der Architektur zählen.

Dennoch hatte es die Jury bei der Vergabe der HÄUSER-Awards in Höhe von 6 000, 4 000 und 2 500 Euro am Ende schwer. Ich freue mich, dass ich kompetente Partner an meiner Seite hatte: Dörte Gatermann, die 2002 mit dem Preis „Haus des Jahres“ ausgezeichnet worden war, Ingeborg Flagge vom Deutschen Architekturmuseum in Frankfurt, Kaspar Kraemer, den Präsidenten des BDA, und Winfried Heusler aus der Schüco-Geschäftsleitung. Die Entscheidung der Jury ist anhand dieses Buches für jeden zu überprüfen. Vor allem aber sammelt der Band viele hervorragende Ideen, die eindrucksvoll belegen, dass Wohnqualität keine Platzfrage ist.

Wolfgang Nagel
Chefredakteur HÄUSER

Über dieses Buch

Die vorliegende Dokumentation der Wettbewerbsergebnisse möchte Bauherren und Architekten zahlreiche interessante Anregungen und wertvolle Orientierungshilfen bieten: Alle 27 ausgezeichneten sowie die drei Siegerprojekte wurden individuell von Architektinnen und Architekten geplant und zeigen – von der minimalistischen Wohnbox bis hin zur komfortablen Stadtvilla – wie vielfältig, aber auch wie komplex die Lösung dieser kleinen „Bau-Aufgabe" aussehen kann.

Jedes Haus wird ausführlich in Bild und Text vorgestellt: Innen- und Außenaufnahmen veranschaulichen das gebaute Ergebnis, die Originalzeichnungen der Architekten sowie eine Zusammenfassung der wichtigsten Gebäudedaten liefern notwendige Hintergrundinformationen. Der Text zum Projekt schließlich gibt Auskunft über die jeweilige Ausgangssituation, die unterschiedlichen Beweggründe der Bauherrinnen und Bauherren, die architektonische Gestaltung sowie Bauweise und Materialien.

ZEICHNUNGEN

Die beigefügten Pläne sind einheitlich im Maßstab 1:200 abgebildet, soweit nichts anderes vermerkt ist. Das heißt: 1 Zentimeter im Plan entspricht 200 Zentimetern, also 2 Metern in der Wirklichkeit. Aus Platzgründen sind nur die für die Wohnfläche relevanten Grundrisse dargestellt. Auf Kellergrundrisse wurde daher verzichtet, soweit sich dort nicht auch Wohn- beziehungsweise Aufenthaltsräume befinden. Um die Einbindung des Gebäudes in das städtebauliche Umfeld und seine Lage auf dem Grundstück nachvollziehbar zu machen, ist jeweils ein nicht maßstäblicher Lageplan beigefügt, in dem der Neubau rot hervorgehoben ist.

GEBÄUDEDATEN

Jedes vorgestellte Haus wird anhand der wichtigsten Baudaten zusammenfassend dokumentiert. Neben Angaben zu Grundstücksgröße, Wohn- und Nutzfläche sowie zur Anzahl der Bewohner sind dies auch die ungefähren Baukosten und das Baujahr. Bei der Berechnung der Wohnfläche wurden Loggien, Balkone und Atrien jeweils zur Hälfte miteinbezogen. Gesondert aufgeführt sind hingegen die – zum Teil recht üppig bemessenen – Dachgärten und -terrassen: Ihre Anrechnung auf die Wohnfläche würde gerade bei sehr kleinen Häusern unverhältnismäßig hoch zu Buche schlagen und damit auch die Vergleichbarkeit der einzelnen Projekte erschweren.

Alle Kostenangaben verstehen sich, soweit nicht anders angegeben, als so genannte reine Baukosten inklusive der Mehrwertsteuer in den einzelnen Ländern. Nicht enthalten sind darin die Planungskosten für Architekten und Fachingenieure, Gebühren sowie die Erschließungskosten.

Einleitung

Gerade bei kleinen Häusern besteht die große Kunst darin, durch intelligente Planung viel Raum auf wenig Fläche zu schaffen. Das Minimalhaus von Thaler.Thaler Architekten beweist, dass großzügiges Wohnen keine Frage der Quadratmeter ist.

„Je geschlossener und einfacher der Baukörper, desto größer und reiner ist seine Erscheinung, und das sollte wiederum der Grund sein, beim kleinen und mittelgroßen Wohnhaus von der einfachen geometrischen Grundrissform grundsätzlich nicht abzugehen." (Paul Schmitthenner)

Obwohl jeder weiß, was mit der Definition des Einfamilienhauses gemeint ist, stiftet der Begriff wortwörtlich genommen Verwirrung. Bis in die sechziger Jahre des vergangenen Jahrhunderts war es noch selbstverständlich, dass eine durchschnittliche Familie mehrere Kinder und ein Auto hatte. Drei Kinder gehörten zum Standard, ebenso wie die gängige Vorstellung, eine Familie besitze eine bestimmte Größe, die damals unveränderbar schien. Bei dem Wort „Single" dachte man an die kleinere Form der Langspielplatte und nicht etwa an die Bezeichnung einer bestimmten Lebensform. Ganz und gar unbekannt waren Begriffe wie „WG", „Dinks" oder „Alleinerziehende".

Natürlich ist die Familie nicht ausgestorben, aber man kann fast behaupten, sie hätte die gesellschaftliche Stellung mit den früheren Randgruppen getauscht – „Familien" im gerade beschriebenen Sinne sind heute eine Minderheit. Die wenigen Eltern, die noch drei und mehr Kinder erziehen, verfügen entweder über ein deutlich überdurchschnittliches Einkommen oder sie sind umgekehrt einem niedrigen sozialen Status zuzuordnen. Für beide stellt das Einfamilienhaus nach wie vor die ideale Wohnform dar: Für die ersten, weil sie ihren Kindern einen geschützten Naturbereich sichern wollen, selbst wenn dieser noch so klein ist. Einen Garten also, der eventuell noch nebenher die Aufzucht von ungespritztem Obst und Bio-Salat ermöglicht. Für die andere Gruppe würde der Garten das bedeuten, was er für die früheren Arbeiterschichten immer war: Ernährungsgrundlage. Man ist autark, auch wenn es finanziell eng wird. Doch diese Gruppe kann den Traum vom eigenen Haus mit Garten nur in Ausnahmefällen verwirklichen. Allein der Grund und Boden dafür ist viel zu teuer, von den hohen Bau- und Unterhaltskosten einmal ganz abgesehen.

Gleichwohl ist das eigene Haus nach wie vor eine attraktive Wohnform: Kleineren Haushalten – angefangen von den Singles bis hin zu Alleinerziehenden, Paaren oder älteren Menschen – bietet es die Möglichkeit, in einer individuell auf die eigenen Bedürfnisse zugeschnittenen Umgebung zu leben.

Kleine Häuser passen auch auf kleine Grundstücke und sind zudem in Herstellung und Unterhalt deutlich günstiger. Was liegt näher, als sich mit diesem Thema einmal ausführlicher zu befassen? Zumal man auch bei geringem Flächenverbrauch keinerlei Abstriche bei der Wohnqualität und Nutzbarkeit machen muss, wie die in diesem Buch vorgestellten Projekte beweisen. Ganz im Gegenteil: Sie alle zeigen, dass weniger Platz bei einer gut durchdachten Planung sogar ein Mehr an Wohnkomfort, Lebensqualität und Ästhetik bedeuten kann.

Das Gartenhaus von Goethe in Weimar – ein Archetyp des bürgerlichen Wohnhauses im Grünen. Erbaut im späten 16. Jahrhundert und 1776 von Goethe in Besitz genommen.

Das kleine Haus im 19. Jahrhundert

Ein Blick in die Baugeschichte macht deutlich, dass das kleine Haus – mit einem selbst zu bewirtschaftenden Garten – durchaus ein Thema war, das die Architekten seit der zweiten Hälfte des neunzehnten Jahrhunderts sehr beschäftigte. Da Grundstücke vor den Toren der Stadt auch für wenig betuchte Leute erschwinglich waren, begann man mit der systematischen Planung von Arbeitersiedlungen auf der Grundlage speziell entwickelter Haustypen. Natürlich entsprachen die Gebäude nicht dem späteren Klischee frei stehender Einfamilienhäuser, wie sie nach dem Zweiten Weltkrieg entstanden sind. Dazu waren sie zu klein, wurden gedoppelt oder gereiht. Man sah in dem Angebot solcher Wohnformen insbesondere einen gesundheitspolitischen Beitrag. In einem Führer zu einem medizinischen Kongress 1907 in Stuttgart wird die dortige „Colonie Ostheim" gewürdigt. Diese war kurz vor der Jahrhundertwende entstanden. Man habe sich viele Gedanken darüber gemacht, liest man da, wie Arbeiter gesund wohnen könnten, was zum Beispiel in einem mehrgeschossigen Mietshausblock nicht der Fall sei. Deshalb habe man sich zum Bau von kleineren Häusern entschieden. „Jedem Häuschen wurde ein kleines Gärtchen zugeteilt, so daß Luft- und Lichtzutritt in reichem Maß vorhanden ist."

Außer dem Angebot, mit kleinen Häusern die Wohnbedürfnisse einkommensschwacher Schichten zu befriedigen, findet man in derselben Zeit, ja bereits Mitte des neunzehnten Jahrhunderts, eine bürgerliche Bewegung, die ihren Lebensmittelpunkt von der Stadt aufs Land verlegt. In dem 1857 erschienen Roman „Nachsommer" von Adalbert Stifter lesen wir gleich im ersten Kapitel, wie die Familie des Erzählers ihre „mäßig große Wohnung" in der Stadt gegen ein Eigenheim in der Peripherie tauscht. „Die Erwerbung des Vorstadthauses war eine große Freude. Es wurde nun von dem alten finsteren Stadthause in das freundliche und geräumige der Vorstadt gezogen." Stifter schildert auf mehreren Seiten ausführlich die einzelnen Räumlichkeiten, die Außenanlagen mit Hof und Garten und die jeweiligen Vorteile, die sich gegenüber dem städtischen Wohnen daraus ergaben. Strenggenommen zählt er all jene Gründe auf, die heute noch gültig sind, wenn man sich entschließt, ein Einfamilienhaus zu bauen.

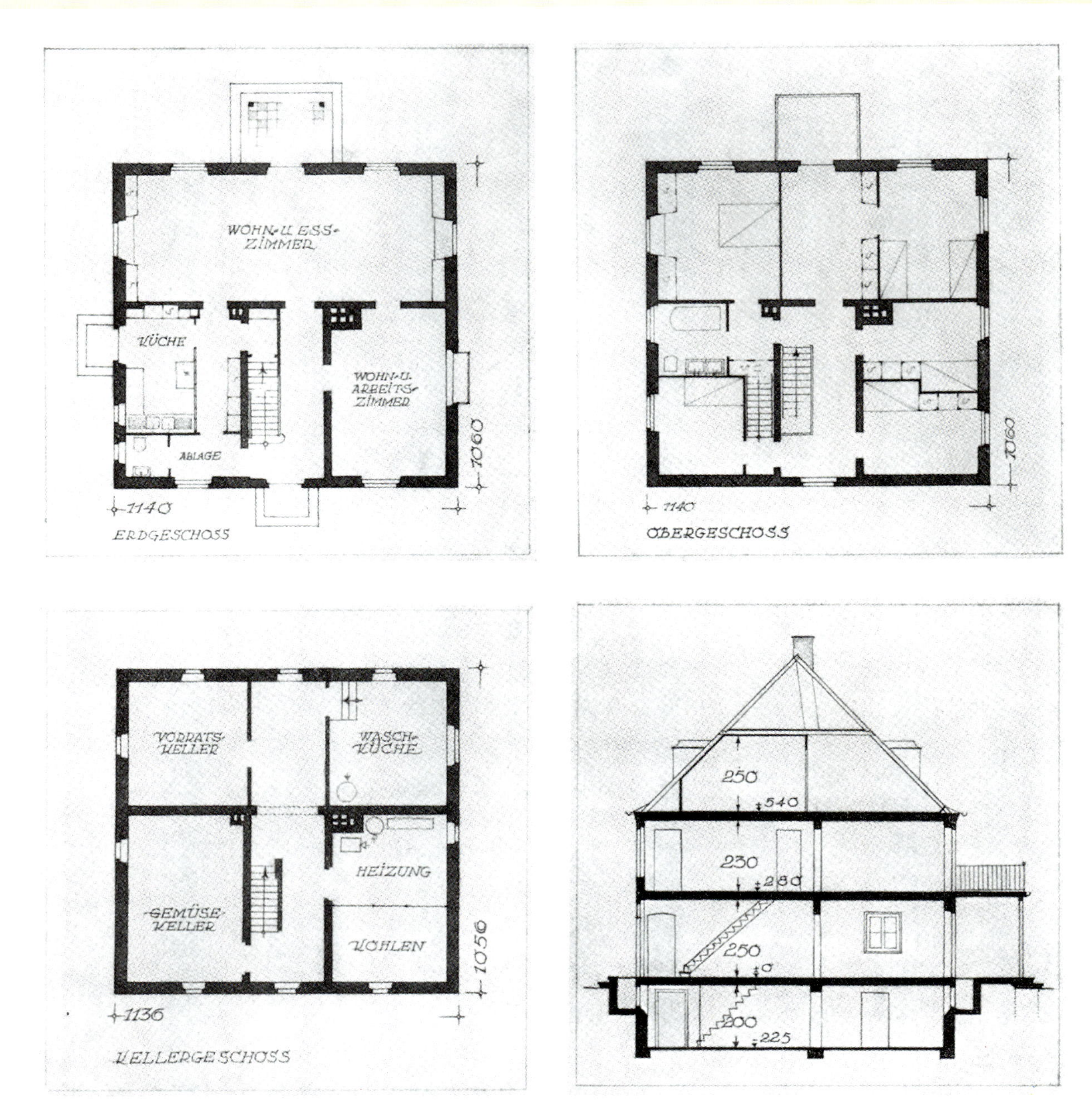

Für Paul Schmitthenner (1884–1972) war die im „Nachsommer" beschriebene Architektur beispielhaft. Er nahm Stifters Baubeschreibung als Vorgabe für Entwürfe von Wohnhäusern, die er seinen Studenten als Aufgabe stellte. Die Entwürfe entsprechen in ihrem Geist den beiden von ihm ebenso geschätzten realen Beispielen: dem Garten-

▮ *Hausgrundrisse und Schnittzeichnungen von Paul Schmitthenner. Erstaunlich ist die – entgegen der scheinbar romantischen Sprache des Hauses – immer wiederkehrende Typologie, die er seinen Grundrissen zugrunde legt.*

haus von Goethe in Weimar und dem Pfarrhaus in Weißensee bei Füssen. Diese sind in ihrer Reduktion auf das Wesentliche und in ihrer Ordnungsstruktur sozusagen ein Archetyp eines bürgerlichen Wohnhauses im Grünen.

Zwischen Tradition und Moderne: Das Einfamilienhaus im 20. Jahrhundert

Schmitthenner hat die Architektur des Einfamilienhauses im deutschsprachigen Raum weit mehr beeinflusst als man das wahrhaben will. Unter dem Titel „Das deutsche Wohnhaus" verfasste er ein viel beachtetes und auch heute noch lesenswertes Buch. Denn darin werden auf sehr einfache Art und Weise Kriterien genannt, die erst wieder seit den 1980er Jahren, der Zeit der Postmoderne, zum Inhalt guter Architektur zählen. Dazu gehört die Auseinandersetzung mit dem Ort, womit nicht allein der geografische Ort, sondern auch dessen Geschichte gemeint ist. Man kann es sich auch einfacher machen, und es – wie Schmitthenner – als „Tradition" bezeichnen. Damit geht jedoch nicht ein Rückgriff im Sinne einer rückständigen oder gar altmodisch zu nennenden Haltung einher. Vielmehr ist es der Versuch, die dem Ort eigenen kulturellen und technischen Gesetzmäßigkeiten aufzunehmen und in eine zeitgemäße Form umzusetzen. Entscheidend ist der handwerklich saubere Umgang mit den gegebenen Materialien. Erst dadurch entstünde so etwas wie Schönheit.

„Die einfache handwerkliche Fügung ist immer sehr unscheinbar und immer schön durch ihre sinnvolle Klarheit. Handwerkliche Fügung aber wiederum ist entscheidend bedingt durch den Baustoff. Jeder Baustoff an sich ist unscheinbar, denn es gibt keinen Baustoff, der mehr scheint, als er ist."

Man ist erstaunt, dass dieser Architektur, die nur auf den ersten Blick romantisch erscheinen mag, eine immer wiederkehrende Typologie zugrunde liegt. Bevorzugt wird der rechteckige Grundriss angewendet, der eine drei- oder mehrachsige Einteilung erhält. Für die architektonische Qualität ist schließlich entscheidend, wie durch geringe Achsverschiebungen die Raumwirkung gesteigert wird.

Von den großen Architekten des zwanzigsten Jahrhunderts, die ihre Architektur aus traditionellen Bauweisen entwickelten, ist heute Heinrich Tessenow (1876–1950) sicherlich der bekanntere Vertreter. Man kann sagen, dass er der radikalere Architekt ist, in gewissem Sinne auch der modernere, was den Umgang mit der Geschichte bedeutet. Seine Häuser sind abstrakter, frei von jeglicher Romantik. Vielleicht kann man mit ihm auch unbefangener umgehen, da er sich im Gegensatz zu Schmitthenner politisch deutlich von den Nationalsozialisten distanzierte. Dieser Punkt ist deshalb interessant, weil gewisse Architekturen immer auch als Ausdruck einer politischen Gesinnung gesehen werden – obwohl eine solche Betrachtung eigentlich ein Unsinn ist. Aber noch heute gilt die oberflächliche und eigentlich recht einfältige Vorstellung, das flache Dach

Fotomontage (1934) der als „Klein-Jerusalem" und „Araberdorf" diffamierten Weißenhofsiedlung (1927) in Stuttgart. Die kubischen Flachdachbauten wurden vom NS-Regime als „Phantasie-Pfusch-Bauten" verschmäht.

bedeute Fortschritt und das geneigte sei einer konservativen, um nicht zu sagen rückständigen Gesinnung zuzuordnen. Dieses Vorurteil ist aber mit Sicherheit ausschlaggebend für die meisten Bebauungspläne, die nach 1945 aufgestellt wurden. Während in den dreißiger und frühen vierziger Jahren des zwanzigsten Jahrhunderts flache Dächer ein Tabu darstellten, während die Häuser des Stuttgarter Weißenhofs 1932 als „Klein-Jerusalem" diffamiert wurden, sind zwischen 1945 und 1975 vorwiegend Einfamilienhäuser mit flachem Dach als Grundlage der städtebaulichen Vorstellung herangezogen worden.

Seit 1975, dem „Jahr des Denkmalschutzes", sind in Neubaugebieten, die für Einfamilienhäuser ausgewiesen werden, fast ausschließlich Baukörper mit Satteldach vorgeschrieben. Das geschieht vorwiegend aus geschmacklichen Gründen, die bar jeglichen baukonstruktiven Hintergrunds sind. Und deshalb sind die meisten dieser Neubaugebiete von einer kaum zu übertreffenden Ansammlung gestalterischer Missverständnisse geprägt – und keineswegs vom Schönheitsbegriff, der etwa Goethes Gartenhaus zugrunde liegt. Schönheit, die sich aus der notwendigen und richtigen Konstruktionsweise ergibt, aus dem, wie man es so gerne nannte, „materialgerechten Bauen", wird man hier kaum entdecken können. An diesen Siedlungen sieht man sehr gut, wie wenig Kenntnis diese Bauherren tatsächlich von Architektur besitzen und wie sehr die Erscheinung unserer Wohngebiete Ausdruck eines kulturellen Missstandes ist. Und man erkennt auch, dass strenge Vorgaben – wie etwa die Festlegung einer bestimmten Bau- oder Dachform – noch lange keine Garantie für gute Architektur sind. Die „Schönheit" eines Gebäudes lässt sich nicht durch Gesetze verordnen, man kann damit höchstens „gestalterische Ausreißer" verhindern. Nach wie vor liegt die Verantwortung allein beim Bauherrn und seinem Architekten, denen es gemeinsam gelingen muss, diese Vorschriften auch in qualitätvolle Architektur umzusetzen.

Der Zusammenhang von Form und Material

Gute und schöne Einfamilienhäuser, die sich der traditionellen Bauweise bedienen, sind a priori weder modern noch altmodisch. Sie entstehen ganz einfach aufgrund ihrer sinnvollen Konstruktion. Am meisten fällt das bei jenen zeitgenössischen Beispielen auf, deren Form aus einem bestimmten Material gewonnen wird – Häuser, bei denen Form und Material in einem Zusammenhang stehen. Sehr gut kann man das bei Holzhäusern sehen. Hier ist in den vergangenen zwanzig Jahren eine enorme Entwicklung zu erkennen, die sich vor allem in der Be- und Verarbeitung des Materials und neuen Verbindungsmethoden zeigt. So ist es auch wenig verwunderlich, dass gut ein Drittel der in diesem Buch ausgezeichneten Projekte Holzkonstruktionen sind.

Neben seinen ökonomischen Vorteilen erfüllt der Baustoff Holz ja auch einen Katalog von Forderungen, die von

▮ *Offenheit als Prinzip: Dieses Singlehaus von Architekt Alexander Früh kommt ohne trennende Wände aus. Die minimalistische Möblierung und die wenigen, maßgefertigten Einbauten lassen den Innenraum umso großzügiger erscheinen.*

der ökologischen Seite aus an die Architektur und Bauwirtschaft gestellt werden. Es ist erstaunlich, dass für diese Bauten oft die traditionelle Erscheinung, die Typologie der rechteckigen „Kiste" mit Satteldach gewählt wird. Auch, dass trotz modernster Fertigungsmethoden das Handwerk und nicht die Massenproduktion die Qualität bestimmt – was im Übrigen auch für den Massivbau gilt.

Dieser hat entscheidende Vorteile, wenn es sich um die Verwertung von Restgrundstücken in einer gewachsenen Umgebung handelt. Vor allem das Thema des Bauens in historisch wertvoller Nachbarschaft hat viele Architekten seit den 1970er Jahren sensibilisiert. Fast scheint es so, dass Bauen ohne den Zwang, sich mit der Umgebung auseinandersetzen zu müssen, sehr viel schwieriger ist. Umgekehrt zwingen zum Beispiel Restgrundstücke in Altstädten zu individuellen Lösungsansätzen, die sich in einer Umgebung ohne all diese Zwänge weit weniger reizvoll darstellen. Das betrifft vor allem den Entwurf des Grundrisses, da für die „klassischen" Lösungen zu wenig Platz vorhanden ist, beziehungsweise der Zuschnitt des Grundstücks keine klare achsiale Aufteilung zulässt. In diesen Fällen wird sehr gerne eine Kombination aus dem „freien Grundriss", wie ihn Le Corbusier propagiert hat, und der äußerlich traditionellen Bauweise gefunden.

Viel Platz auf wenig Raum: Der freie Grundriss

Der „freie Grundriss" hat zunächst einmal dort wesentliche Vorteile, wo Räume ohne physische Trennung miteinander verbunden werden können, weil der Gesamtraum auch bei kleiner Grundfläche sehr viel großzügiger erscheint. Damit verbunden ist auch eine andere Wohnkultur. Man unterteilt nicht in einzelne Zimmer, die alle möglichst von identischer Größe sind, sondern schafft einen großen Raum, in dem sich die Familie aufhält. Als Rückzugsmöglichkeit gibt es ein paar kleine Individualräume, gerade so groß, dass darin geschlafen werden kann.

„Der Wechsel von großen und kleinen Räumen gibt das Gefühl der Raumfolge und Weite. Einen großen Wohnraum, so etwas wie den 'Saal', müsste jedes, auch das kleinste Haus haben", empfiehlt bereits Schmitthenner. Nicht umsonst entwickelt die Moderne den offenen Grundriss mit nicht tragenden Wänden aufgrund der damals neuen Materialien Stahl und Stahlbeton. Von Le Corbusier (1887–1965) gibt es aus dem Jahre 1914 eine Zeichnung, die auf den ersten Blick wie ein statisches System von drei gestapelten Stahlbetonplatten aussieht. Sechs rechteckige Stützen halten die Konstruktion. Die rechteckigen Geschossflächen sind am einen Kopfende mit einer zweiläufigen offenen Treppe verbunden. Da alle Außen- und Innenwände fehlen beziehungsweise nicht dargestellt sind, sieht man nur die „nackte" Konstruktion, die

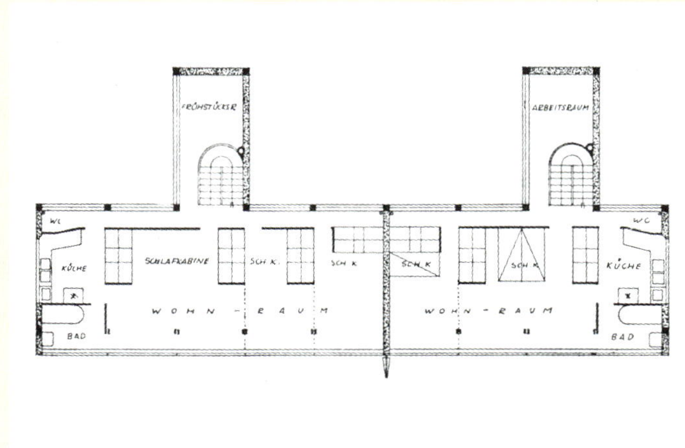

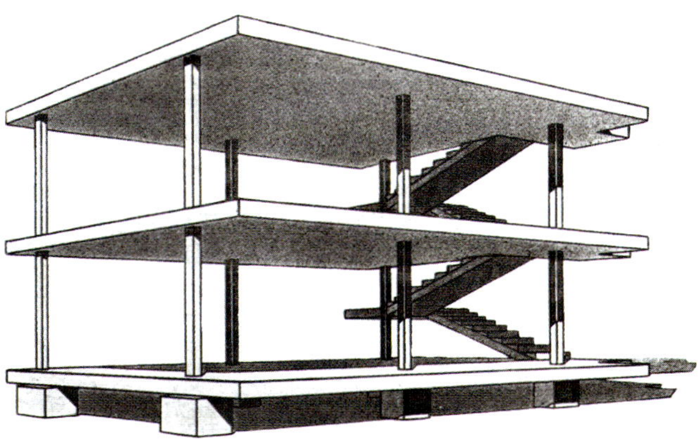

▮ *Das „Dom-Ino-Haus" von Le Corbusier aus dem Jahr 1914: Eine „nackte" Konstruktion aus drei gestapelten Stahlbetonplatten wird von sechs schlanken rechteckigen Stützen getragen und über eine zweiläufige Treppe miteinander verbunden.*

▮ *Le Corbusier: Grundriss des Doppelwohnhauses in der Weißenhofsiedlung in Stuttgart aus dem Jahr 1927. Er zeigt den von ihm propagierten freien Grundriss mit frei eingestellten Wänden, die im Unterschied zum Mauerwerksbau nun keine tragende Funktion mehr übernehmen.*

Corbusier zusammen mit dem Bauingenieur Max Dubois entwickelt hatte. Erst wenn man sich überlegt, wie die Raumabschlüsse bei den einzelnen Flächen aussehen würden, aus welchem Material die Außenwände zu errichten und wie die Öffnungen darin sein müssten, wird die Radikalität der angedachten Lösung sichtbar. Wie gesagt, das war im Jahre 1914, zu Beginn des Ersten Weltkriegs. Denn bis dahin war man beim Bau von Wohngebäuden bei der Einteilung und Dimensionierung der Räume an die Konstruktion gebunden. Sinnvolle Spannweiten für das Tragwerk lagen zwischen 4 und 5 Metern und daraus ergab sich ein bestimmter maßlicher Kanon, der zu den gewohnten Raumzuschnitten führte. Öffnungen im Haus ordneten sich dem Diktat der Statik unter, jede Öffnung in der Außenwand bedeutete eine Schwächung der tragenden Teile.

Corbusier nannte seine „Erfindung", die statisch gesehen eigentlich keine ist, „Dom-Ino". Dass man aus Stahlbeton Skelette machen kann, in denen man einzelne Flächen als Geschosse stapelt, war zwar noch nicht so verbreitet, aber durchaus keine Novität. Die Erfindung ist im eigentlichen Sinne die Freiheit der räumlichen Einteilung und die Freiheit, mit der man unterschiedlichste Materialien verwenden kann, um Raumabschlüsse herzustellen. Die Größe und Form des Raumes wird nicht mehr durch die Statik und das Material vorgegeben und jede Nutzung, die einem Raum zugeschrieben wird, kann den ihr eigenen Zuschnitt bekommen. Neu ist also die architektonische Freiheit, die sich in unterschiedlichster Art und Weise ausdrücken kann und nicht mehr materialgebunden erscheint. Erst 1927 wird in der Weißenhofsiedlung die nahezu „reine" Anwendung des Systems beim kleineren der beiden von Corbusier geplanten Wohnhäuser umgesetzt. Alfred Roth, der die Bauleitung besorgte, formulierte die Idee in einer kleinen Skizze, die mit „Das Haus ist eine Kiste. Das Innere ist das Wesentliche" überschrieben ist.

Le Corbusier: Fünf Punkte zu einer neuen Architektur

Das Konzept des Dom-Ino führte zur eigentlichen Idee einer neuen Architektur, die Corbusier in seinen berühmten 5 Punkten zusammenfasst (Text gekürzt):

▮ *Innenraumskizze des „Petite Maison" von Le Corbusier: Auffallend ist der Kontrast zwischen dem betont bürgerlichen Mobiliar und der rationalen Strenge des Raumes und des horizontalen Fensterbandes.*

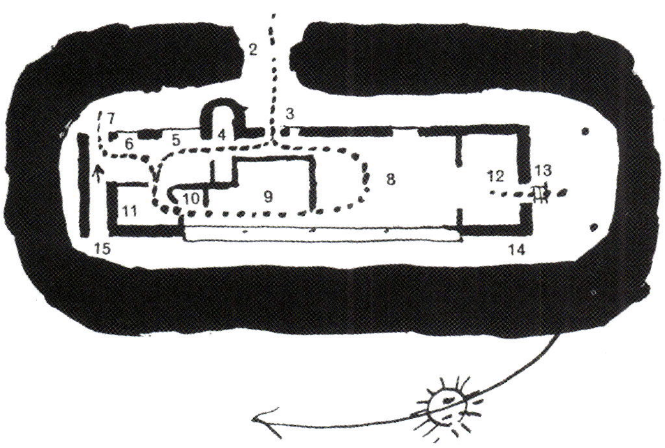

▮ *Grundriss-Skizze des „Petite Maison" von Le Corbusier. Erbaut 1923 am Genfer See für die Eltern des Architekten. Der eingestrichelte Rundweg durch das kleine Haus bezieht den Garten mit ein, die Öffnung in der Gartenmauer gibt den Blick zum See frei.*

- Das Haus auf Säulen: Das Haus schwebt nun in der Luft und der Garten setzt sich unter ihm fort.
- Die Dachgärten: Die bebaute Fläche eines Grundstücks kann durch ein flaches Dach zurückgewonnen werden.
- Der freie Grundriss: Das Säulensystem trägt die Decken aller Stockwerke. Die Trennungswände können in jedem Geschoss beliebig aufgestellt werden.
- Das lange Fenster: Man erhält von Pfeiler zu Pfeiler lang gezogene Fenster, sodass die Zimmer von Wand zu Wand gleichmäßig beleuchtet werden.
- Die freie Fassade: Die Fenster können beliebig ausgedehnt werden, zum Vorteil der Gliederung innen.

Tatsächlich wird man jedoch bei den kleinen Wohnhäusern keines finden, bei dem ganz konsequent diese fünf Punkte zur Anwendung gekommen sind. Auch nicht bei der Villa Savoye (1928–31), einer der Inkunabeln der Moderne, die offensichtlich aber nicht so kommod war, dass sie als vorbildliches Einfamilienhaus zu nutzen war. Wohnlich war dagegen das als „Petite Maison" gebaute Haus für seine Eltern, das Corbusier am Genfer See errichtete. Wer nichts von den fünf Punkten weiß, wird diese Regel auch in dem kleinen Haus nicht unmittelbar wiederfinden. Der Bau entstand 1923, also vier Jahre vor der Weißenhofsiedlung. 1954 hat der Architekt ein kleines Büchlein herausgebracht, in dem er dieses Haus erläutert und mit sehr schönen Handskizzen ergänzt. Schlägt man das schmale Bändchen genau in der Mitte auf, findet man über zwei Seiten ein Foto des Innenraumes. Zuerst fällt einem das bürgerliche Interieur auf, das den Raum beherrscht. Der Grundriss wirkt ausgeklügelt, jeder Quadratmeter scheint gut organisiert zu sein und zwar so, dass man überall von einem gemütlichen Zuhause sprechen kann. Nichts, was unmittelbar auf eine revolutionäre architektonische Theorie verweisen würde.

Vielleicht erkennt man gerade an diesem Haus den Unterschied zwischen dem, was der Architekt in seiner Vorstellung will, und dem, was der Alltag von einem Gebäude erwartet. Das zu entdecken ist gerade bei Corbusier interessant, weil es sich ja hier um das Haus für seine nächste Verwandtschaft handelt, die offensichtlich alltägli-

▮ *Andrea Palladio: Villa Rotonda (1566–71) in Vicenza, die Goethe während seiner italienischen Reise 1784 besuchte. Die streng geometrische Villa, deren Gestalt auf das Pantheon in Rom zurückgeht, zählt als gebaute Theorie zu den Wurzeln heutiger Einfamilienhäuser.*

che Anforderungen stellt, von denen wir zwar nichts erfahren, die aber zu einem gemäßigten Umgang mit den eigenen Ideen führt. Und so haben wir ein Beispiel vor uns, das geradewegs in die Reihe zeitgenössischer schöner Einfamilienhäuser unter 150 Quadratmeter gestellt werden könnte.

Übrigens hat das „Petite Maison" lediglich eine Grundfläche von 60 Quadratmetern, wie Corbusier nicht ohne Stolz bemerkt. Doch wenn man einen Rundgang durch das Haus unternimmt, scheint es tatsächlich viel großzügiger zu sein. Freilich hat Corbusier etwas geschummelt (was man bei ihm öfters beobachten kann), denn im Sommer wird der Garten zum Teil des Rundwegs. Aber dieses Schummeln ist gerade die große Kunst des Entwurfes, denn erst durch das Loch in der Gartenmauer zum See, also das Schließen und gleichzeitige Öffnen, ergibt sich das atmosphärisch dichte Zimmer im Freien. Auch das Langfenster im Haus selbst reagiert exakt auf diese besondere Aussicht.

Das alles ist, wie gesagt, unspektakulär im Gegensatz zu den Gebäuden, die sich enger an die Dom-Ino-Skizze halten. Führen wir uns diese nochmals vor Augen und denken uns die obere Etage weg, so erhalten wir einen eingeschossigen Bungalow, einen weiteren Einfamilienhaustyp, der diese Gebäudegattung eine ganze Zeit lang prägte. Wir müssen uns nur noch die Stützen an den Rand verschoben vorstellen, an Stelle des Stahlbetons nur Stahlstützen, und der Weg zum Haus Farnsworth ist nicht mehr weit. Ludwig Mies van der Rohe (1886–1969) hat es in den Jahren 1945 bis 1950 gebaut, und es teilt seinen Ruf als nicht sonderlich wohnliches Beispiel mit der bereits erwähnten Villa Savoye und Palladios Villa Rotonda (von letzterem Haus sagte Goethe: „Inwendig kann man es wohnbar, aber nicht wöhnlich nennen"). Aber alle diese drei Beispiele, die man nur um wenige mehr ergänzen könnte, zählen als gebaute Theorie zu den Wurzeln der heutigen Einfamilienhäuser. Sie sind – trotz ihrer mangelnden

▮ *Die Villa Savoye (1928–31) in Poissy von Le Corbusier gilt, obwohl sie keineswegs als besonders wohnlich zu bezeichnen wäre, als eine der Inkunabeln der Architektur der Moderne.*

Das Farnsworth House (1945–50) in Plano (Illinois) von Ludwig Mies van der Rohe. Eine eingeschossige Variante des Dom-Ino-Hauses von Le Corbusier, bei der die tragenden Stützen genau in die Gebäudeecken verschoben wurden.

Eignung zum Wohnen – anerkannt schöne Häuser und damit Maßstab, wenn man heute versucht ist, nicht nur typologische, sondern auch ästhetische Bewertungen von Einfamilienhäusern vorzunehmen.

Frank Lloyd Wright: Gebaute Demokratie im Wohnhaus

Im Unterschied dazu sind die Häuser von Frank Lloyd Wright (1867–1959) durchweg „wohnlich" zu nennen. Es ist wahrscheinlich sogar so, dass Wright Architekten wie Mies oder Corbusier mehr beeinflusst hat, als man das vermutet. Die erste Serie seiner so genannten Prairie-Häuser ist durchweg zu den schönsten Beispielen von Einfamilienhäusern zu rechnen, die jemals entstanden sind.

Die größte Zahl dieser Häuser baute Wright in Oak Park, einer Einfamilienhaussiedlung vor den Toren Chicagos. Was die Beispiele der Theorien der modernen Europäer davon unterscheidet, ist vermutlich der grundsätzlich andere Ausgangspunkt der Überlegungen. In deren Mittelpunkt steht eine Vorstellung, wie eine Familie zusammenlebt, und wie sich diese Vorstellung im Grundriss und der räumlichen Fügung darstellt. Quasi als Gegenmodell zur europäischen Gesellschaftsform sah Wright die amerikanische Demokratie von Individuen getragen. Wright hatte für seine eigene Familie in Oak Park ein Einfamilienhaus mit Büro errichtet. Heute würde man sagen, es handelte sich um eine „Vorzeigefamilie", die er natürlich auch durch eine entsprechend vorbildliche Architektur komplettierte.

In der Entwicklung der ihm eigenen Architektur spielt die Veröffentlichung zweier idealtypischer Wohnhäuser in „Ladies' Home Journal" eine große Rolle. Kennzeichnend sind äußerlich die horizontale Betonung durch die Auskragung flach geneigter Dächer, bei der die kalkulierte Wirkung der langen Schatten die Gliederung des Baukörpers verstärkt. Im Zentrum der Grundrissfigur liegt idealerweise ein Kamin. Es ist auch die Stelle, um die sich die Familie wie um einen Herd versammelt. Man könnte auch von einer asymmetrisch liegenden Vierung sprechen, von der aus die Raumachsen das Haus zu verlassen scheinen und weit in die Landschaft führen.

Es gibt viele Spekulationen, wie es dazu kommen konnte, dass Frank Lloyd Wright nach seiner ersten sehr erfolgreichen Karriere in Oak Park seine Familie und sein Büro verlässt. Es bedeutet neben dem familiären Bruch auch einen Bruch mit der idealen Vorstellung der Wohnform, wie sie das Einfamilienhaus in bürgerlichen Vororten verkörpert. Im Grunde genommen kann man die generelle gesellschaftliche Kritik, die viel später das Einfamilienhaus begleitet, darin ablesen: Isolation der einzelnen Bewohner, Abnahme von Mobilität durch Bindung an das Eigentum, „Verkonservatisierung", und neben den sozialen Gesichtspunkten der enorme Flächenverbrauch, der mit einer ungeheuren Zersiedelung – dem „urban sprawl" – einhergeht. Vor diesem Hintergrund kann man nur auf zahlreiche Ver-

Zeitlos schön: Im Oak Park bei Chicago baute Frank Lloyd Wright eine Reihe von Wohnhäusern, die bis heute zu den besten Beispielen der Einfamilienhausarchitektur gehören. Hier eine Zeichnung von Haus Gale.

öffentlichungen der sechziger, siebziger und achtziger Jahre des vorigen Jahrhunderts verweisen, die den Zusammenhang von gesellschaftspolitischen Systemen mit der Förderung oder dem Zurückdrängen der Einfamilienhausproduktion darstellen. Alexander Mitscherlich gab mit der „Unwirtlichkeit unserer Städte" schon 1965 zu bedenken: „Mit jedem Grundstück, das am Stadtrand parzelliert (...) wird, schiebt sich der Horizont des Städters, an dem die Landschaft beginnt, weiter hinaus, wird Land der Allgemeinheit irreparabel entzogen."

Ökologie statt Flächenfraß: Das Einfamilienhaus in den 1970er Jahren

Die gesellschaftliche und ökonomische Kritik am frei stehenden Einfamilienhaus erreicht bei uns zu Beginn der 1970er Jahre ihren Höhepunkt. Denn ab dieser Zeit spielt die Frage der Ökologie eine zunehmende Rolle. Für die im Geist von 1968 heranwachsenden Architekten im deutschsprachigen Raum ist das Einfamilienhaus verständlicherweise eine Tabu-Aufgabe, derer man sich nur inoffiziell annimmt. Dabei gehen just in dieser Zeit neue und wesentliche Impulse von einer Architektengruppe aus dem Tessin aus. Die Architekten der „Tendenza" sehen in der kleinen Aufgabe nicht zuerst die willfährige Erfüllung von romantischen Bauherrenträumen, sondern betrachten ihre Arbeiten als Bausteine innerhalb einer durch Jahrhunderte gewachsenen Baukultur. Zuerst gibt es für sie den Ort, den eigenen städtebaulichen Bezug, in und unter den sich das Neue wie ein Mosaikstein bereichernd einzufügen hat. Die Häuser zeigen auch, dass es für die Architekten nicht um eine formale Eingliederung geht. Vielmehr bauen sie mit ihren Entwürfen auf einer Moderne auf, deren Wurzeln auf Corbusier oder Louis I. Kahn zurückgehen.

Obwohl viele Architekten sich der Kritik am Einfamilienhaus gerne anschließen, lieben sie auf der anderen Seite die Möglichkeiten, die ihnen ein Auftrag in dieser Richtung bietet. Dabei dürfte die Planung nur in Ausnahmefällen ein lukratives Geschäft sein. Doch mit dem Entwurf eines

▮ *Die Casa Kalman (1972–75) in Brione sopra Minusio von Luigi Snozzi. Ein Wohnhaus mit „Belvedere" auf den Lago Maggiore, das sich deutlich auf die Architektursprache Le Corbusiers bezieht.*

kleinen Hauses kann es gelingen, die eigene Vorstellung dessen, was Architektur für einen selbst bedeutet, zum Ausdruck zu bringen. Und das kann im positiven Fall gut gelingen. Denn man hat es nicht nur mit einer kleinen, überschaubaren Aufgabe zu tun, sondern auch nur mit einem Bauherrn, der, im Gegensatz zur so genannten „anonymen Bauherrschaft" auch persönlich präsent ist. Das kleine Haus unterscheidet sich in der Dichte der Aufgabe nur wenig von großen Gebäuden. Denn die Details vom Fundament zur Traufe, und von der Sockelleiste zum Fenstergriff sind nicht weniger, sie treten nur nicht als Masse in Erscheinung. Deshalb haben viele Architekten mit ihren ersten kleinen Aufgaben das formuliert, was später die Architektur der großen Gebäude ausmacht. Und deshalb ist der Anteil von kleinen Gebäuden an der gesamten Architektur, die die Baugeschichte der vergangenen hundert Jahre ausmacht, erstaunlich groß.

Manche dieser Beispiele hatten einen enormen Einfluss und blieben doch nur Papier. Dazu gehören vor allem jene, die sich visionär mit dem Bauen und Wohnen auseinander setzen. Leider gehören diese Entwürfe der Vergangenheit an. Der Ölschock in den 1970er Jahren und die zunehmende Verknappung der Rohstoffe hat den Visionären den Garaus gemacht. Was heute als Haus der Zukunft gehandelt wird, scheint eher ein Objekt der Denkmalpflege zu sein, das technisch hoch aufgerüstet ist. Die Architektur des Dymaxion House, das 1927 von Buckminster Fuller (1895–1983) erdacht wurde, oder die poetisch-technoiden Vorstellungen von Jan Kaplicky (*1937) aus den frühen 1980er Jahren zeigen den Verlust von Visionen, die für die Entwicklung von Baukunst immer wichtig waren. Vielleicht muss man deshalb zwangsweise auf die großen Helden des zwanzigsten Jahrhunderts zurückgreifen.

Das Haus als Teil der Stadt

Leider denken Bauherren und auch Architekten nur selten daran, dass sie mit dem geplanten Haus auch ein Stück der gemeinsamen Straße, des Quartiers und der Stadt gestalten. Ebenso wenig daran, dass erst die Stadt als Ganzes die Qualität des Ortes ausmacht, an dem man wohnt. Jedes Einfamilienhaus ist nur zur einen Hälfte eine Sache, die man für sich selbst macht, oder wie Manfred Sack betont: „Jedes Bauen, sei es noch so privat, ist ein Stück Öffentlichkeit."

Mit der äußeren Erscheinung trägt man nolens volens zum Bild der eigenen Stadt bei. Architektur ist also immer ein Spiegel der Gesellschaft. Ein Spaziergang durch neue Einfamilienhausgebiete reicht aus, um in diesen Spiegel zu schauen. Umso mehr muss man um jedes beispielhafte

▮ *Das Dymaxion House aus dem Jahr 1927 von Richard Buckminster Fuller: Eine Vision des zukünftigen Einfamilienhauses. Auf einem sechseckigem Grundriss sind sechs dreieckige Zimmer angeordnet. Der transportable Wohncontainer hängt an einem zentralen Mast mit integrierten Versorgungsleitungen.*

oder einfach schöne Haus froh sein, das heute gebaut wird. Die wenigen ausgezeichneten Beispiele zeigen nicht nur, auf welch hohem handwerklichen und gestalterischen Niveau sich Bauen heute befinden könnte, sondern auch, dass diese Qualität keineswegs vom finanziellen Budget abhängt.

Einem Kritiker von Einfamilienhäusern entgegnete der Schweizer Landschaftsarchitekt Dieter Kienast bereits Mitte der 1990er Jahre, dass es heute in den Gärten dieser Vorortgebiete die größte Artenvielfalt gibt, die im städtischen Umfeld noch zu finden ist. Das sollte uns allen zu denken geben, denn dieses Argument würde das Einfamilienhaus vom Vorurteil des landschaftsfressenden und zerstörenden Ungeheuers befreien. Mit diesem Geist könnten neue und schöne Konzepte entwickelt werden, solche, die unabhängig von teuren und energieverzehrenden Infrastrukturen für sich autark existieren. Dann bekämen die Experimente von Jan Kaplicky eine zweite Chance.

Arno Lederer

▮ *Das Projekt Nr. 117, eine Collage aus dem Jahr 1983 von Jan Kaplicky (Future Systems), zeigt die Vision eines Wohnhauses als schwebend-leichtes, raumschiffartiges Objekt, das nur über dünne Spannseile mit der Erde in Verbindung steht. Ein betont experimentelles Haus, das sich von den Zwängen der Schwerkraft vollkommen befreit hat und eine deutliche Gegenposition zum Einfamilienhaus als „landschaftsfressendes und zerstörendes Ungeheuer" formuliert. Die Bedeutung solch visionärer Projekte als Impulsgeber für zukünftige Entwicklungen sollte nicht unterschätzt werden.*

1. PREIS

>>> ARCHITEKTEN: MORGER & DEGELO, BASEL

Solitär in Sichtbeton

WOHNHAUS IN STAUFEN/LENZBURG

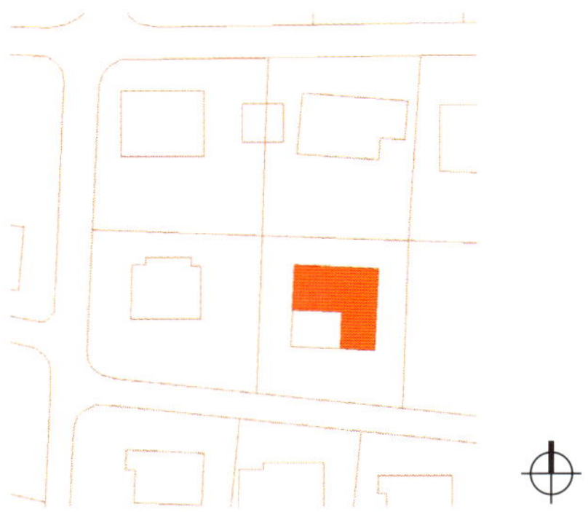

Lageplan

Vorstädtische Wohnhäuser mit Satteldächern und rauer Putzfassade stehen aneinander gedrängt auf streng umzäunten Rasenflächen. Wie ein dicht gewebter Teppich breiten sich die Einfamilienhäuser im Schweizer Mittelland zwischen Staufberg und dem Schloss Lenzburg aus. An einer Stelle wird dieses sich gleichmäßig wiederholende Muster beliebiger Architektur jedoch jäh unterbrochen, denn auf einer kleinen Restparzelle errichteten Morger und Degelo Architekten einen markanten Betonkubus, der die ungeschriebenen Gesetze seiner Nachbarschaft ignoriert. Zwar ist er, wie die übrigen Gebäude auch, als Solitär mittig auf das Grundstück platziert und scheint sich der Quartiersstruktur in gewisser Weise sogar anzupassen. Gleichzeitig aber negiert er diese bestehende Struktur, indem er sich demonstrativ von ihr abwendet. Die Architekten konzipierten das Ein-Personen-Haus ganz bewusst als abweisenden, introvertierten und hermetisch geschlossenen Körper, der sich den Blicken seiner beengenden Nachbarschaft entzieht und sich in Form und Materialwahl deutlich von ihr abhebt. Es entstand ein in sich gekehrter Bau, der seine Umgebung buchstäblich ausblendet und seine wahren Qualitäten im Innern verbirgt.

Das kubische, zweigeschossige Wohngebäude aus Sichtbeton ist auf einem Quadrat von zwölfeinhalb Metern Kantenlänge aufgebaut, bei dem im Südwesten eine Ecke ausgespart ist. Auf diese Weise entstand eine winkelförmige Anlage, die das Haus in zwei Bereiche teilt und auf ihrer Gartenseite einen geschützten Freiraum umschließt.

Die Grundrisse beider Geschosse sind in ihrer Typologie ähnlich. In beiden Ebenen sind entlang der Eingangsseite im Osten die Erschließungs- und Funktionsflächen sowie das Treppenhaus in einer kompakten Einheit zusammengefasst. In den übrigen Bereichen, die sich im rechten Winkel um den Gartenhof legen, entsteht ein Raumkontinuum, das sich über das gesamte Gebäude erstreckt – ohne trennende Wände oder sichtbare Grenzen. Das Haus wirkt wie ein einziger großer Raum, der sich mal aufweitet, dann wieder enger wird, Sichtbezüge nach außen herstellt und dann wieder ganz in sich gekehrt ist. Der durchgängig verlegte Langriemenboden aus Douglasie und die hell gestrichenen Wände betonen diesen Eindruck.

Dem introvertierten Charakter des Hauses entsprechend haben die Architekten im Zentrum zwei große, übereinander liegende sichtgeschützte Lichträume angelegt. Es sind Aussparungen in der ansonsten völlig geschlossenen Gebäudehülle, die fließende Übergänge zwischen Innen

▮ *Erst auf der Gartenseite lassen sich die inneren Werte und räumlichen Qualitäten des Hauses erahnen. Große Fensterflächen öffnen sich auf die geschützt liegende Terrasse.*

und Außen herstellen. Einer der Lichträume öffnet sich im Erdgeschoss als Loggia zur Fassade, der andere verbirgt sich, hinter der festungsartigen Front von außen nicht wahrnehmbar, als intimes Atrium im oberen Geschoss. **Die separaten Räume im Funktionstrakt** konzipierten die Architekten als kompakte Kammern, die ihrem Inhalt entsprechend mit unterschiedlichem Material ausgeschlagen wurden. Sie erscheinen wie Futterale, in welche sich, dem Bild von Walter Benjamin folgend, „die Spuren des Wohnenden abdrücken". Der Eingangsraum, der den eintretenden Besucher empfängt, ist vollständig mit unbehandelten MDF-Platten verkleidet, die Nasszellen sind mit kleinen Mosaiksteinen ausgelegt und die Wände des Schrankraums wurden mit Stoff bespannt. Auch bei der Gestaltung der Küche kam dieses Prinzip konsequent zum Einsatz. Gewissermaßen als Reminiszenz an die rußgeschwärzte Feuerstelle wurde der Raum vom Boden bis zur Decke durchgängig in schwarze Farbe getaucht.

Kühl und abweisend wirkt das Haus an der Eingangsseite. Mit seiner festungsartigen Fassade aus Sichtbeton und der klaren kubischen Form setzt es sich ganz bewusst von der beliebigen Architektur seiner Umgebung ab.

▮ *Nah ans Wasser gebaut: Das Bassin grenzt unmittelbar an den Wohnraum an.*

▮ *Blick in das kleine Atrium im Obergeschoss, das die angrenzenden Räume belichtet. Es ist eine Art sichtgeschütztes zusätzliches Zimmer im Freien, das sich hinter der harten Betonschale verbirgt.*

▮ *Weder Wände noch Türen trennen die Raumfolgen, die sich um den kleinen Innenhof in der Mitte gruppieren. Deckenhohe Glasscheiben lassen Innen und Außen fließend ineinander übergehen.*

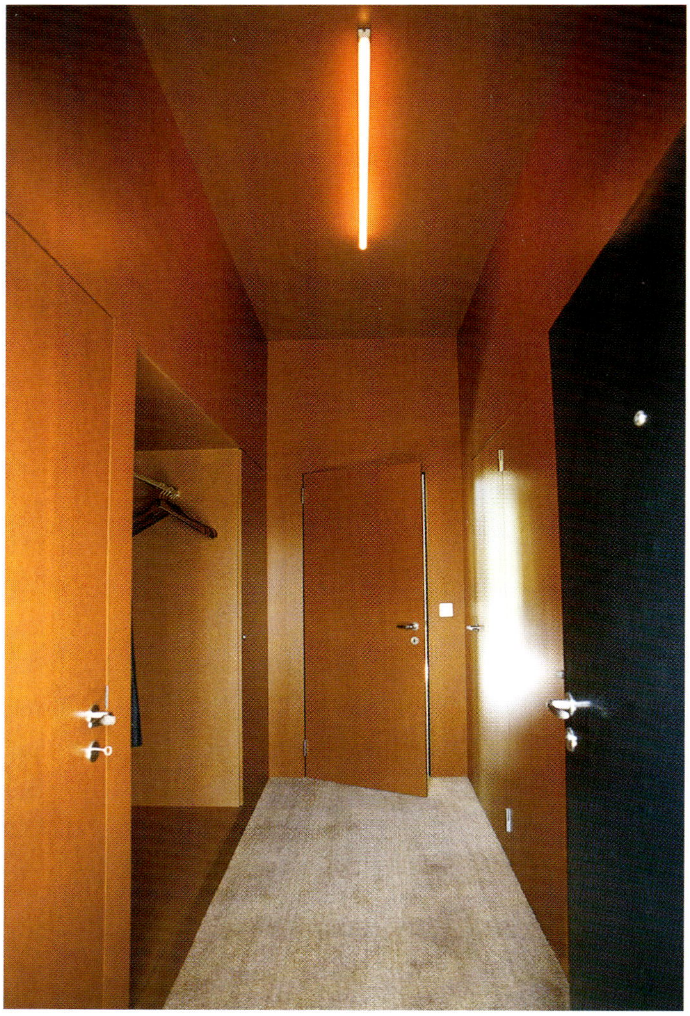

Der Eingangsbereich ist mit naturbelassenen MDF-Platten verkleidet. Ein spannungsvoller Materialkontrast zum kühlen Sichtbeton, der den Besucher an der Außenseite empfängt.

Blick von der Treppe in das lichtdurchflutete Erdgeschoss.

Ganz in Schwarz: Nicht nur die Küchenmöbel, sondern auch Decke, Wände und Boden sind vollständig in dunkle Farbe gehüllt.

Büroprofil

Morger & Degelo
Architekten BSA/SIA
Spitalstraße 8
CH-4056 Basel
www.morger-degelo.ch
Projektmitarbeit:
Romana Tedeschi, Marianne Kempf, Sarah Righetti, Cédric Vaucher

Studienort:
Meinrad Morger/Heinrich Degelo/Benjamin Theiler: HTL Winterthur; ETH Zürich/Schule für Gestaltung, Basel, Fachrichtung Innenarchitektur und Produktgestaltung/ETH Zürich

Gemeinsames Büro:
seit 1998

Anzahl der Mitarbeiter:
18

Arbeitsschwerpunkte:
Wohnungsbau, Verwaltungsbauten, Kulturbauten, öffentliche Bauten, städtebauliche Studien, Innenausbau (das ganze Spektrum der Architektur)

Arbeits- und Entwurfsphilosophie:
Unsere Bauten und Projekte sind das Ergebnis einer kontextuellen Arbeitsweise, bei der wichtige, aber auch scheinbar unwichtige, jedoch immer spezifische Gegebenheiten des Ortes, der Aufgabe und des Programms herausgearbeitet werden. Mit Hilfe dieser Art der Spurensuche gelingt es uns, dem rationalen Prozess des Fügens von Bauteilen ein suggestives poetisches Moment zu verleihen. Insofern ist unsere Architektur weniger Ergebnis formaler Absichten, sondern vielmehr eine gezielte baukünstlerische Recherche.

Lehrtätigkeit:
Meinrad Morger war Assistent und Gastdozent an der ETH Zürich sowie Gastdozent an der EPFL (École Polytechnique Fédérale de Lausanne); seit 2003 ist er Dozent an der Hochschule für Architektur in Luzern.

Gebäudedaten

Grundstücksgröße: 541 m²
Wohnfläche: 143 m²
Zusätzliche Nutzfläche: 51,5 m²
Anzahl der Bewohner: 1
Baukosten je m² Wohn- und Nutzfläche: 3200 sFr
Baukosten gesamt: 624 000 sFr
Fertigstellung: 2000

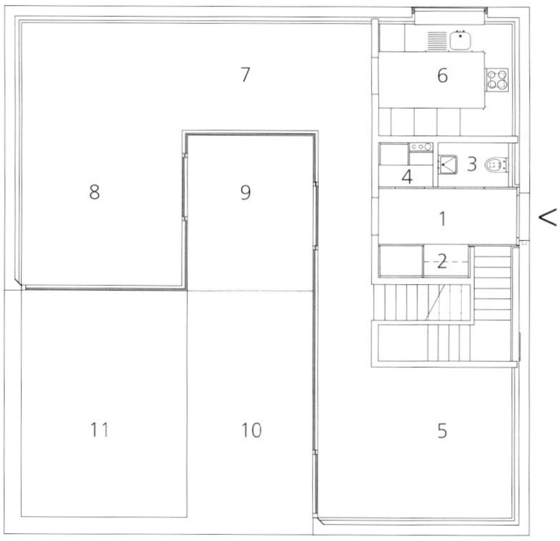

Erdgeschoss
M 1:200

1 Eingang
2 Garderobe
3 WC
4 Putzraum
5 Arbeiten
6 Küche
7 Essen
8 Wohnen
9 Loggia
10 Sitzplatz
11 Wasserbecken

Obergeschoss
M 1:200

1 Schlafen
2 WC, Dusche
3 Schrankraum
4 Dusche
5 Schlafen
6 Atrium

Urteil der Wettbewerbsjury:

Das Gebäude zeichnet sich durch seine klassisch moderne Architektur und eigenständige Formensprache aus. Die Konzeption eines hermetisch geschlossenen, introvertierten Baukörpers, der sich bewusst von seiner Umgebung abwendet, ist eine geschickte Reaktion auf die beengende Grundstückssituation und die heterogene Bebauung der Nachbarschaft. Der Grundriss stellt eine konsequente und beispielhafte Lösung dar, die bei sparsamem Flächenverbrauch sehr differenzierte Raumqualitäten entstehen lässt und den Bewohnern zudem ein hohes Maß an Flexibilität ermöglicht. Die reduzierte Materialwahl und sorgsame Ausbildung der Details sowie die gekonnte Lichtführung in Innern des Hauses fügen sich zu einem schlüssigen Ganzen zusammen – eine überzeugend klare Lösung.
Der Entwurf wurde mit dem 1. Preis ausgezeichnet.

Schnitt
M 1:200

2. PREIS

>>> ARCHITEKTEN: BAUART ARCHITEKTEN, BERN

Modular erweiterbar

FLEXIBLES HAUSKONZEPT „OPTION"

„Das Haus, das mir gefallen würde, bestünde aus einem großen Raum, in dem man in der einen Ecke mit seinen Freunden redet, in einer anderen isst, in einer anderen schläft und in einer anderen arbeitet", meinte der berühmte englische Kunsthandwerker und Schriftsteller William Morris vor gut einhundert Jahren in einem Brief an den Dichter W. B. Yeats. Die Schweizer Bauart Architekten nahmen sich diesen Satz zum Leitmotiv ihres Entwurfs. Sie konzipierten einen kleinen, modularen Kubus, der auf engstem Raum alles bietet, was man zum Wohnen braucht und sich darüber hinaus auch noch problemlos erweitern lässt. Ihr flexibles Mini-Haus, das sie in Kooperation mit der deutschen Herstellerfirma Weberhaus weiterentwickelten und das mittlerweile unter dem Namen „Option" in Serie gegangen ist, basiert auf einem Grundmodul, einem zweigeschossigen Baukörper von gerade einmal 66 Quadratmeter Wohnfläche. Dass der Wohnkubus größer wirkt als er tatsächlich ist, liegt zum einen an dem sehr kompakt und funktional organisierten Grundriss. Zum anderen liegt dies aber auch daran, dass es im Innern keinerlei trennende Wände gibt. Auf diese Weise bleibt das Einraumhaus in seiner ganzen Dimension erlebbar.

Direkt hinter der Türschwelle im Erdgeschoss ist der Essbereich untergebracht und wird nur durch die in Gebäudemitte situierte kleine, zweizeilige Küche optisch vom dahinter liegenden Wohnbereich abgeteilt. Eine einläufige Treppe an der Längswand führt hinauf zur Galerieebene, in der das Bad – gemeinsam mit der darunter liegenden Küche – kompakt in dem mittig angeordneten Installationskern zusammengefasst ist. Der Flächenverbrauch für die Erschließung konnte auf ein Minimum reduziert werden. Auf der einen Gebäudeseite befindet sich ein offener Arbeitsraum, auf der gegenüberliegenden Seite liegt der Schlafbereich, der bei Bedarf durch eine Schiebewand, die gleichzeitig auch als Schranktür dient, in einen separaten Raum abgetrennt werden kann. Jeder der insgesamt vier Raumzonen ist jeweils ein großformatiges, deckenhohes Fenster zugeordnet. Durch diese überdimensionalen Öffnungen fällt von allen Seiten her Licht ins Innere und lässt das Haus überraschend hell und großzügig wirken.

Sollte der Wohnkubus eines Tages doch zu klein werden, kann er problemlos in verschiedensten Varianten erweitert werden. Dank der Modulbauweise sind eventuellen Expansionswünschen der Bewohner (fast) keine Grenzen gesetzt. Die einzelnen Elemente lassen sich zu Doppel-, Reihen- und Atriumhäusern zusammenfügen oder auch als

Große, überdimensionale Glasflächen sind auf jeder der vier Seiten aus dem Kubus geschnitten. Die einzelnen Funktionsbereiche sind auf diese Weise auch von außen her ablesbar: jeder Raumzone ist ein Fenster zugeordnet.

▮ *Praktischer Minimalismus: Der schmale, anthrazitgrau lackierte Vorbau markiert den Hauseingang und dient gleichzeitig als Wetterschutz.*

▮ *Der Schlafraum lässt sich bei Bedarf durch eine Schiebewand, die gleichzeitig als Schranktür dient, vom Flur abtrennen.*

▮ *Home-Office mit Ausblick: Der Arbeitsraum auf der Galerie wird über die große Fensterfront entlang des Treppenaufgangs belichtet. Ein Kaminofen im Eingangsbereich sorgt im Winter für behagliche Wärme.*

Erweiterung an ein bestehendes Gebäude anbauen. Sie können auf diese Weise geänderten Wohnbedürfnissen und Lebenssituationen leicht angepasst werden.
Das Mini-Haus ist konsequent aus Holz und Holzwerkstoffen erstellt und wird im Winter über einen Kaminofen im Eingangsbereich beheizt, der durch eine Elektroheizung in Küche und Bad ergänzt wird. Die wärmegedämmten, außen mit Lärchenholz verschalten Wandelemente sind komplett vorgefertigt und können innerhalb nur eines Tages auf dem vorbereiteten Fundament aufgestellt werden – wahlweise mit oder ohne Keller. Den Bauherren stehen also auch hier viele Optionen offen. Die rationelle und dadurch sehr günstige Bauweise macht es zudem möglich, den Holzquader wieder abzubauen und an einen anderen Standort zu versetzen. So gesehen ist dieses Haus auch ein zukunftweisendes Wohnmodell für moderne Stadtnomaden.

▮ *Auf vier mal zehn Metern Grundfläche bietet dieses kleine bescheidene Holzhaus auf zwei Etagen alles, was man zum Wohnen braucht – und macht dabei eine gute Figur.*

▮ *Im offenen Erdgeschoss, in dem Küche, Ess- und Wohnbereich liegen, ist jeder Zentimeter optimal genutzt.*

▮ *Eine Theke trennt den Essplatz von der Kochzeile optisch ab.*

Baukastenprinzip hoch zwei:
Das modulare System lässt sich auf unterschiedlichste Arten erweitern und kombinieren.

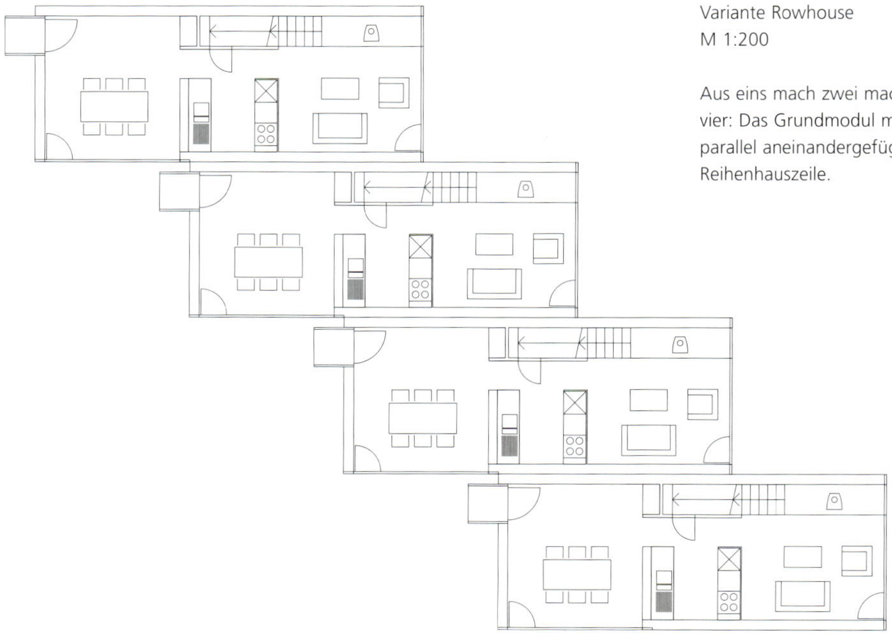

Variante Rowhouse
M 1:200

Aus eins mach zwei mach drei mach vier: Das Grundmodul mehrfach parallel aneinandergefügt wird zur Reihenhauszeile.

Variante L-House
M 1:200

Zwischen zwei Modulen, die im rechten Winkel um einen Hof gruppiert sind, entsteht ein geschützter Freibereich.

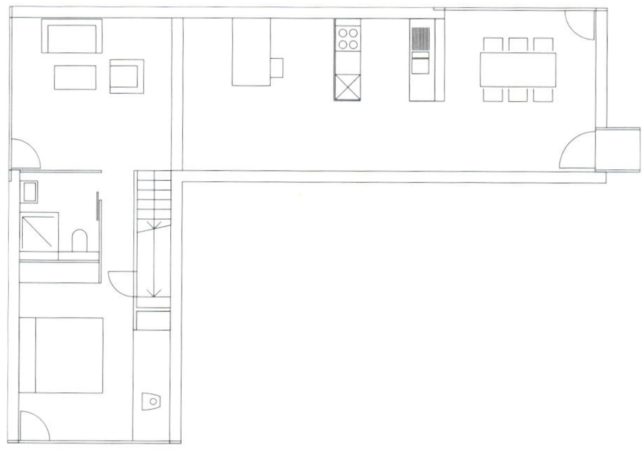

Büroprofil

Bauart Architekten AG
Laupenstraße 20
CH-3008 Bern
www.bauart.ch
Projektmitarbeit:
Stefan Graf, Karin Gerber
Studienort:
Willi Frei/Peter C. Jakob/
Marco Ryter:
ETH Zürich/Ingenieurschule
HTL, Burgdorf/Ingenieurschule
HTL, Biel
Gemeinsames Büro:
seit 1987

Anzahl der Mitarbeiter:
35
Arbeitsschwerpunkte:
Projektierung und Ausführung von Neu- und Umbauten, Nachhaltigkeit, Studien und Forschungsarbeiten, Expertisen, Projektentwicklung und Projektmanagment, Teilnahme an Wettbewerben, Mitarbeit in verschiedenen Fachverbänden (BSA/SIA/SWB).
Arbeits- und Entwurfsphilosophie:
Unsere Arbeit ist geprägt vom Willen, einen Beitrag zur heute aktuellen Baukultur zu leisten. Eine differenzierte Haltung in städtebaulicher Hinsicht und der gezielte Umgang mit verschiedenen Materialien zeichnen unsere Werke aus.

Gebäudedaten

Grundstücksgröße: optional
Wohnfläche: 66 m²
Anzahl der Bewohner: 2–3
Baukosten gesamt: 87 000 Euro (einschließlich Honorar, Lieferung und Montage ab Oberkante Kellerdecke)
Fertigstellung: 2003

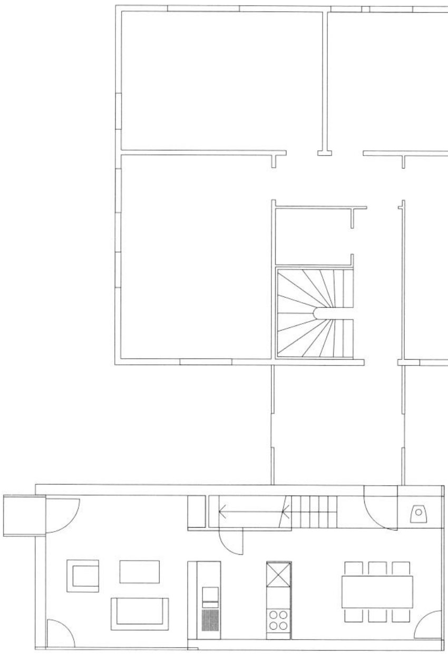

Variante Extension
M 1:200

Ein bestehendes Gebäude kann unkompliziert durch einen Anbau erweitert werden.

Obergeschoss
M 1:200

1 Schlafen
2 Bad
3 Arbeiten

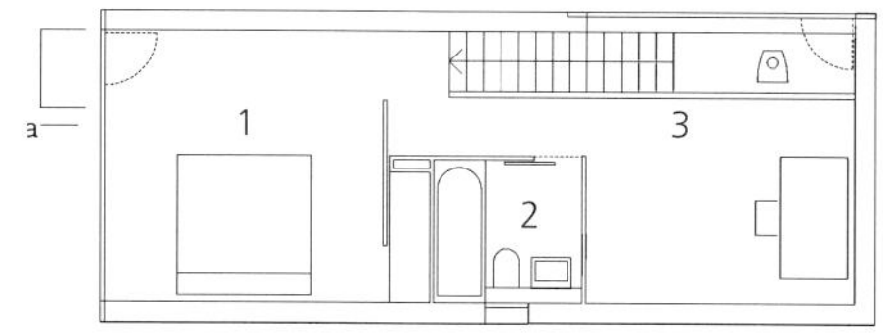

Erdgeschoss
M 1:200

1 Essen
2 Kochen
3 Wohnen

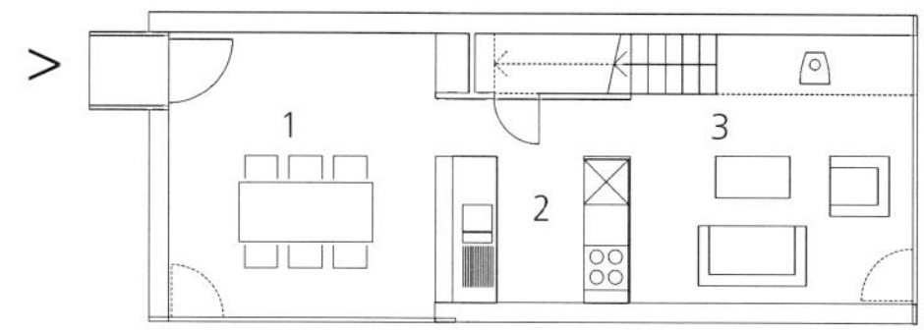

Schnitt
M 1:200

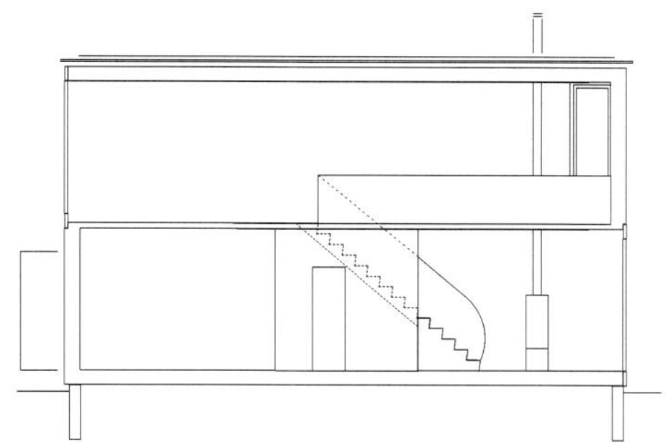

Urteil der Wettbewerbsjury:

Der Entwurf zeigt beispielhaft, wie durch intelligente Planung und platzsparende Lösungen auf sehr geringer Fläche ein hohes Maß an Wohnqualität erzielt werden kann.
Der sehr kompakt organisierte Grundriss überzeugt in seiner Funktionalität ebenso wie die sorgfältig ausgearbeiteten Details. Besonders hervorgehoben wurde auch das technisch ausgereifte Konzept der Modulbauweise, das ein breites Spektrum verschiedenster Kombinationsmöglichkeiten bietet, um das Haus flexibel an sich verändernde Lebensbedingungen anzupassen.
Der Entwurf wurde mit dem 2. Preis ausgezeichnet.

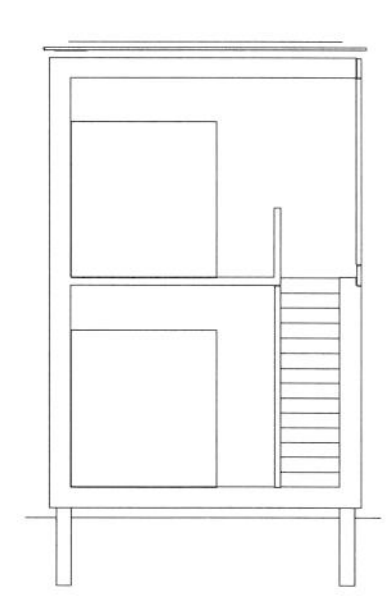

Schnitt
M 1:200

3. PREIS

>>> ARCHITEKTEN: BECHER + ROTTKAMP, BERLIN

Fassade mit Charakter

EINFAMILIENHAUS IN WILHELMSHORST

Lageplan

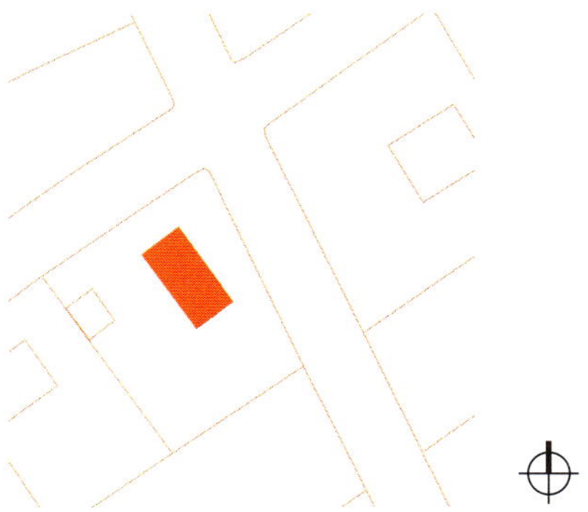

Ein traditionsreicher Baustoff kommt bei diesem Einfamilienhaus in Wilhelmshorst, einem kleinen Dorf in der Nähe von Potsdam, gut zur Geltung. Für die Fassade des massiven Baus aus zweischaligem Mauerwerk verwendeten die Architekten Wittmunder Torfbrandklinker. Der dunkle Stein wird nach einem jahrhundertealten Verfahren in einem mit Torf befeuerten Ofen gebrannt und anschließend von Hand sortiert. Kein Ziegel gleicht dem anderen: von Hellrot über Rotbraun bis hin zu Violett reicht das Farbspektrum. Auf diese Weise erhält jede Seite des Hauses ein individuelles, unverwechselbares Aussehen. Das Gebäude selbst wurde als kompakter, geradliniger Baukörper konzipiert, der mit seiner ruhigen Form nicht in Konkurrenz zu dem lebhaft wirkenden Material seiner Außenhaut treten sollte.

Das Waldgrundstück, auf dem eine junge dreiköpfige Familie ihr neues Domizil errichten ließ, ist mit schönen alten Bäumen bewachsen, die durch den Neubau möglichst unangetastet bleiben sollten. Die Architekten konzipierten daher einen „schwebenden Baukörper", der sich über dem leicht nach Südwesten abfallenden Gelände erhebt. Dies wird auf der Gartenseite besonders deutlich: Um hier den Wurzelbereich einer nahe stehenden Buche zu schützen, springt das Untergeschoss etwas zurück. Die darüber liegende Wohnebene kragt leicht aus, sodass das Grün unter dem Haus hindurchzufließen scheint. Die Gebäudeecke löst sich in raumhohe Glasscheiben auf und gibt den Blick auf die umgebende Natur frei.

Auf der gegenüberliegenden Seite im Norden ist der markante Kubus hingegen hermetisch geschlossen. Eine zwei Meter hohe Sichtbetonwand, die parallel zur Straße zwischen Carport und Wohnhaus verläuft, schützt den dahinterliegenden Garten vor Einblicken. Auch die Eingangsseite im Osten wird nur von vier kleinen quadratischen, symmetrisch gesetzten Fenstern durchbrochen. Über einige Stufen und einen schmalen Steg, der nachts von unten beleuchtet wird – die Illumination greift das Leitmotiv des Schwebens noch einmal besonders wirkungsvoll auf –, gelangt man zur leicht erhöht liegenden Eingangstür.

Der Grundriss im Innern des zweigeschossigen, langgestreckten Baukörpers ist sehr linear und funktional organisiert. Im Erdgeschoss gehen Küche, Ess- und Wohnbereich in einer lockeren Raumfolge ineinander über, die sich im rechten Winkel um den Erschließungstrakt in der Gebäudemitte gruppiert. Dreh- und Angelpunkt des großen Wohnraumes bildet ein offener, über Eck laufender Kamin, der

Die lebhafte, in verschiedenen Rottönen schimmernde Fassade aus Wittmunder Torfbrandklinkern gibt dem Haus sein charakteristisches Aussehen.

▮ *Auf der Gartenseite wird das Gefälle im Gelände deutlich spürbar. Von der Terrasse, die dem Wohnraum vorgelagert ist, führt ein schmaler Weg zum Carport an der Straße.*

▮ *Der Eingangsbereich an der Ostseite: Das dunkle Gebäude verbirgt sich unauffällig hinter den hohen Bäumen und lässt der Natur den Vortritt.*

durch seine dunkel verputzten Wände zusätzlich betont wird. In der oberen Etage reihen sich drei nahezu gleich große Schlafräume entlang der Westseite auf. An den Gebäudeenden sind ein kleines Arbeitszimmer und das Bad untergebracht, die sich zur Straße hin orientieren. Über ein längs im Dach verlaufendes Glasband erhalten Treppe und Erschließungsgang auch von oben her natürliches Licht und wirken dadurch angenehm hell. Die lichte Höhe von 2,75 Metern im Erdgeschoss, wenige Materialien und das durchgängig verlegte Eichenparkett lassen die Räume großzügig erscheinen. Für die Wandflächen entwickelten die Architekten ein individuelles Farbkonzept, das dem Haus auch in seinem Innern ein unverwechselbares Aussehen gibt.

▮ *Der lichtdurchflutete offene Wohnbereich im Erdgeschoss. Die raumhohen, über Eck laufenden Glasscheiben lenken den Blick ins Grüne.*

▮ *Grenzenloses Kochvergnügen: Der Essbereich geht direkt in die offene Küche über. Die Einrichtung wurde nach Entwürfen der Architekten maßgefertigt.*

▮ *Das Untergeschoss springt auf der Gartenseite leicht zurück, um den Wurzelbereich der nahe stehenden Buche zu schützen. Die auskragende Wohnebene scheint über dem Gelände zu schweben.*

Obergeschoss
M 1:200

1 Flur
2 Arbeiten
3 Eltern
4 Kind
5 Bad

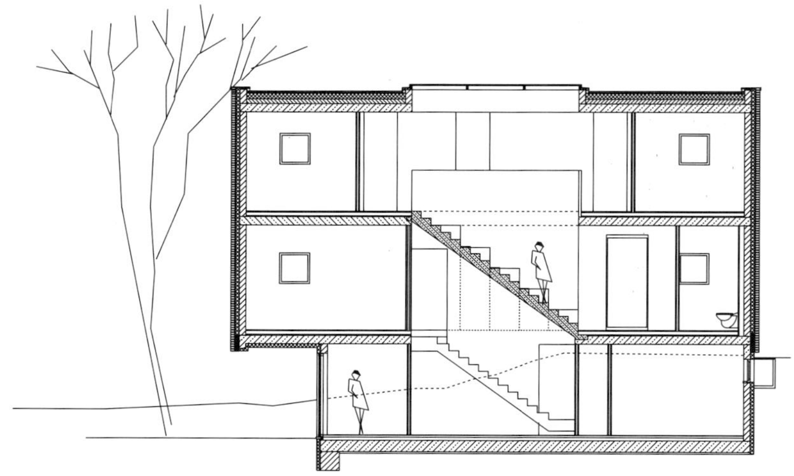

Schnitt
M 1:200

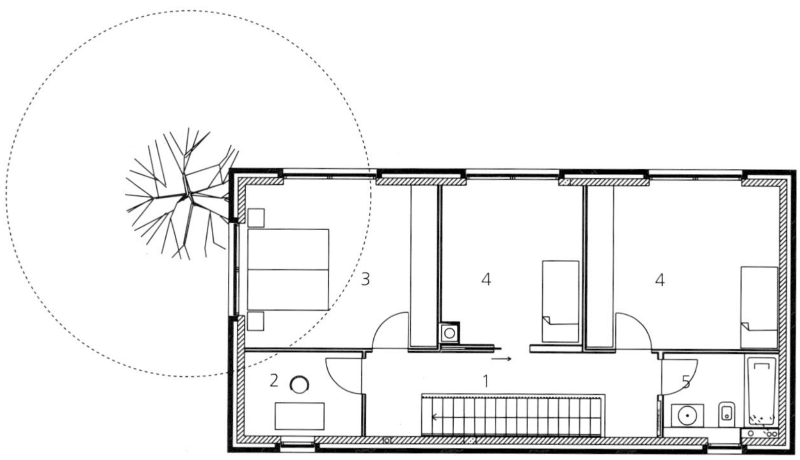

Erdgeschoss
M 1:200

1 Diele
2 WC, Dusche
3 Hauswirtschaftsraum
4 Küche
5 Essen
6 Wohnen

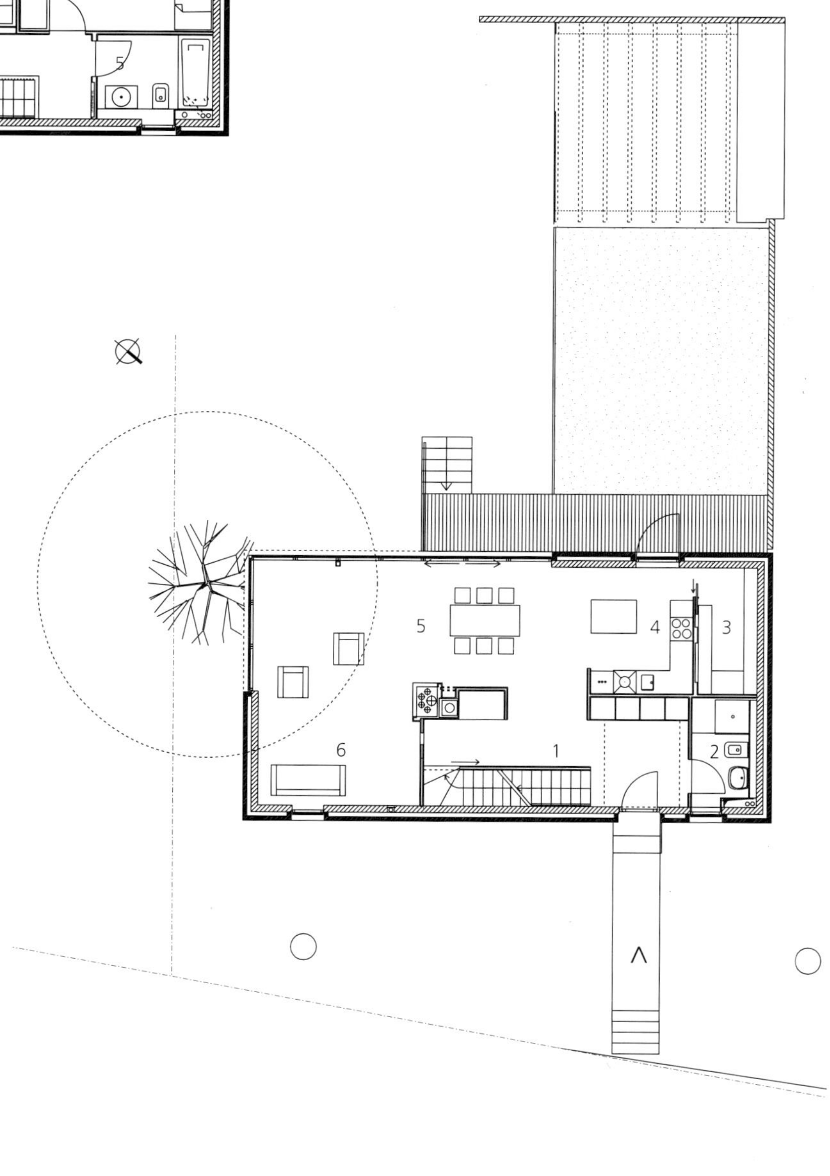

Urteil der Wettbewerbsjury:

Das Haus steht für eine zeitgenössische und dennoch zeitlose Architektur, die an traditionelle Bauweisen anknüpft und durch glückliche Materialwahl, gelungene Proportionen sowie eine solide Ausarbeitung der Details überzeugt.

Der Entwurf geht in sensibler Weise auf den Ort ein, der Grundriss ist in seiner Organisation ebenso konsequent wie funktional – ein durchdacht einfaches Konzept mit hohen gestalterischen Qualitäten. Der Entwurf wurde mit dem 3. Preis ausgezeichnet.

Der Kamin dient als Wärmespender und betont zugleich den Übergang vom Essplatz in den geschützt dahinterliegenden Wohnbereich. Durch eine schmale Öffnung in der Wand blickt man direkt in den Eingangsflur.

Die Treppe zu den Schlafräumen im Obergeschoss. Über ein längs verlaufendes Glasband im Dach fällt zusätzlich Licht ins Innere und in den oberen Erschließungsflur.

Büroprofil

Becher + Rottkamp
Dipl.-Ing. Architekten BDA
Lietzenburger Straße 51
D-10789 Berlin
www.becher-rottkamp.de
Projektarchitekten:
Andreas R. Becher, Doreen Ebert (Projektleitung)
Studienort:
Andreas R. Becher/Elmar L. Rottkamp:
Höxter; Blacksburg, Virginia, USA/Höxter; Dortmund
Gemeinsames Büro:
seit 1993
Anzahl der Mitarbeiter:
20
Arbeitsschwerpunkte:
Wohnungsbau, Bauten für Forschung und Lehre, öffentliche Bauten, Gewerbe- und Industriebauten, Städtebau, Projektsteuerung, Baumanagement, Bauherrenbetreuung

Arbeits- und Entwurfsphilosophie:
– Wir sind Generalisten.
– Wir sind der Überzeugung, dass sich der Architekt um alles kümmern muss.
– Wir (unser Büro) haben immer das Ganze im Auge: das Budget, das technisch Machbare, die Ökologie, das Wohlbefinden der Nutzer, die plausible Konstruktion und das saubere Finish.

Gebäudedaten

Grundstücksgröße: 900 m²
Wohnfläche: 148 m²
Zusätzliche Nutzfläche: 60 m²
Anzahl der Bewohner: 3
Baukosten je m² Wohn- und Nutzfläche: 1055 Euro
Baukosten gesamt:
220 000 Euro
Baujahr: 2003

ANERKENNUNG

>>> ARCHITEKT: WOLFF MITTO, BORSFLETH

Getrennt und doch vereint

DOPPELHAUS IN BORSFLETH

Lageplan

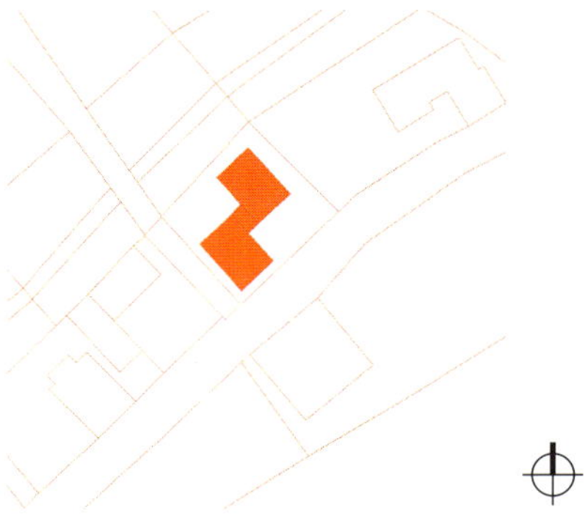

Das kleine Ensemble aus zwei nahezu identischen Baukörpern errichtete Architekt Wolff Mitto im Ortskern von Borsfleth, einem Dorf rund 40 Kilometer vor den Toren Hamburgs. Dieses Ensemble fügt sich so harmonisch in das Ortsbild ein, dass man fast meinen könnte, es hätte schon immer dort gestanden. Die konventionelle Hausform und Bauweise greift die kleinmaßstäbliche, innerdörfliche Bebauung auf und überträgt sie mit ihrer reduzierten Formensprache auf die heutige Zeit.

Die Hausgruppe entstand auf einem Grundstück, das im Norden unmittelbar an den alten Stördeich und im Süden direkt an die Dorfstraße grenzt. Zwei symmetrische eingeschossige Baukörper, die um 180 Grad zueinander gedreht sind, gruppieren sich um einen kleinen Innenhof und sind durch einen flach gedeckten Windfang miteinander verbunden. Beide Gebäude folgen einem identischen Grundrisskonzept und sind so angelegt, dass auch jedes einzelne problemlos zu einem voll funktionsfähigen Einfamilienhaus hergerichtet werden kann. Jedes Haus wird über den Windfang separat erschlossen und verfügt über eine eigene Treppe, die zu den Räumen im Dachgeschoss führt. Die abgebildete Situation, bei der beide Gebäude zu einer Einheit zusammengefasst sind, ist daher nur eine von vielen möglichen Grundrissvarianten.

In der Eingangsebene der beiden Häuser befinden sich Wohn-, Koch- und Essbereich, ein Schlafraum sowie ein von außen zugänglicher Abstellraum. Im darüberliegenden Dachgeschoss erstreckt sich im westlichen Gebäudetrakt ein großzügiger Arbeitsraum über die gesamte Ebene: das Büro des Architekten, der in diesem Fall auch gleichzeitig der Bauherr war. Im anderen Haus gelangt man über eine offene Galerie, die eine optische Verbindung zum darunter liegenden Essbereich herstellt, in den separaten Schlafbereich.

Das Gebäude wurde ohne Keller gegründet, die Wandkonstruktion besteht aus Porenbetonelementen, die beidseitig verputzt und weiß gestrichen sind. Das steil geneigte Sparrendach ist mit einer Deckung aus vorbewittertem Titanzink versehen. Bei der Ausbildung der Details griff der Architekt vorwiegend auf handelsübliche Standardkonstruktionen und einfachste Materialien zurück – so etwa bei den Schiebeläden im Erdgeschoss, für die traditionelle Stalltor-Elemente aus Holz zum Einsatz kamen. Das Doppelhaus ist daher nicht nur ein gelungenes Beispiel für neues Bauen in alter Umgebung, sondern auch für eine qualitätvolle und gleichzeitig kostengünstige Architektur.

▮ *Ein Haus ist wie das andere. Das Ensemble fügt sich harmonisch und unauffällig in die umgebende Landschaft und die kleinteilige Bebauungsstruktur des Dorfes ein.*

▮ *Der kleine Innenhof hinter der Gartenmauer an der Dorfstraße. Für die Hoffläche kam ortsübliches Feldsteinpflaster zum Einsatz. Die Schiebeläden sind traditionelle Stalltor-Elemente.*

▮ *Blick vom Wohnraum in den Windfang, der beide Gebäude miteinander verbindet. Der Boden aus rohem Betonestrich wurde lediglich mit Steinöl imprägniert. Auf diese Weise kommt das Material unverfälscht zur Geltung.*

▮ *Von der Schlafgalerie im Obergeschoss blickt man direkt auf den offenen Essplatz, der sich auf den Innenhof hin orientiert.*

Büroprofil

Wolff Mitto
Dorfstraße 16
D-25376 Borsfleth
Projektmitarbeit:
Tim Mitto, Wiebke Mitto
Studienort:
Prof. Dr.-Ing. Architekt
Wolff Mitto:
TU Hannover,
Universität Stuttgart
Eigenes Büro:
seit 1998
Anzahl der Mitarbeiter:
2

Arbeitsschwerpunkte:
Wohnungsbau, Gewerbebau, Projektmanagement, Projektentwicklung
Arbeits- und Entwurfsphilosophie:
Umfassende architektonische Qualität in den Alltagsaufgaben, die
- für jedermann anregend, nutzbar und bezahlbar ist,
- formal proportioniert, reduziert und zurückhaltend ist,
- im Detail marktübliche serielle Standards optimiert,
- durch unverstellte Materialität gekennzeichnet ist.

Lehrtätigkeit:
Professur an der Hochschule für angewandte Wissenschaften Hamburg, Fachbereich Architektur

Gebäudedaten

Grundstücksgröße: 1052 m²
Wohnfläche: 140 m²
Zusätzliche Nutzfläche: 5 m²
Anzahl der Bewohner: 3
Baukosten je m² Wohn- und Nutzfläche: 975 Euro
Baukosten gesamt:
141 375 Euro
Baujahr: 2002

Im Arbeitsraum ist die Dachfläche mit Metallstegen im Achsmaß der Sparrenlage gegliedert. Die unregelmäßige Maserung der Holzdielen bildet einen spannungsvollen Kontrast zu den weiß gestrichenen Decken und Wänden.

Obergeschoss
M 1:200

1 Arbeiten
2 Schlafen
3 Bad
4 Galerie
5 Luftraum

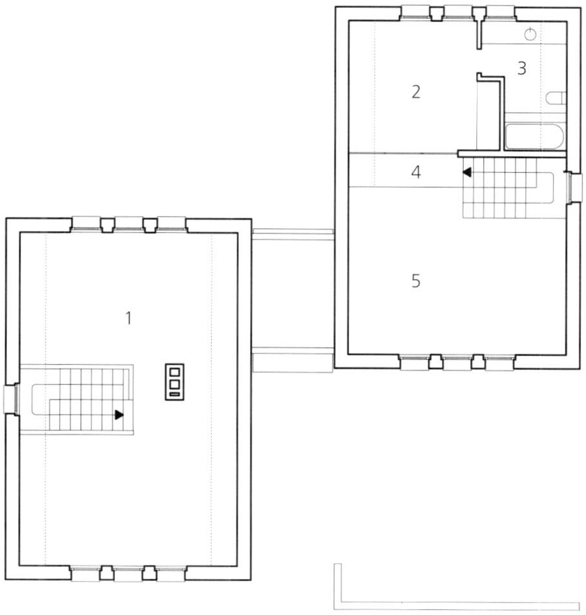

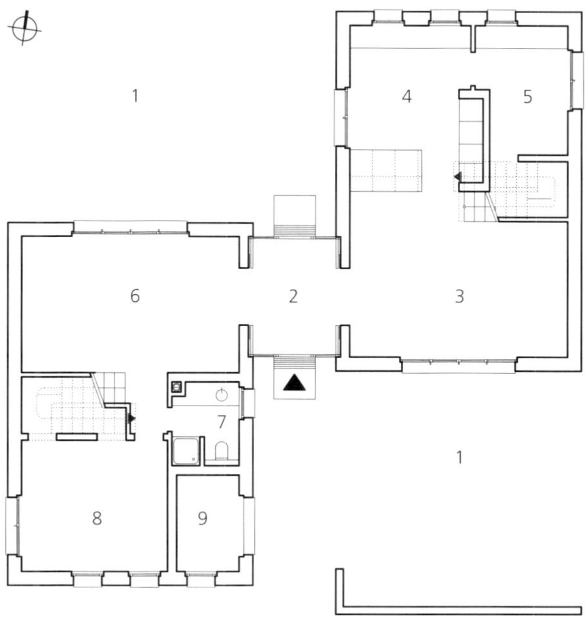

Erdgeschoss
M 1:200

1 Hof
2 Windfang
3 Essen
4 Kochen
5 Hauswirtschaftsraum
6 Wohnen
7 Dusche, WC
8 Zimmer
9 Abstellraum

Schnitt
M 1:200

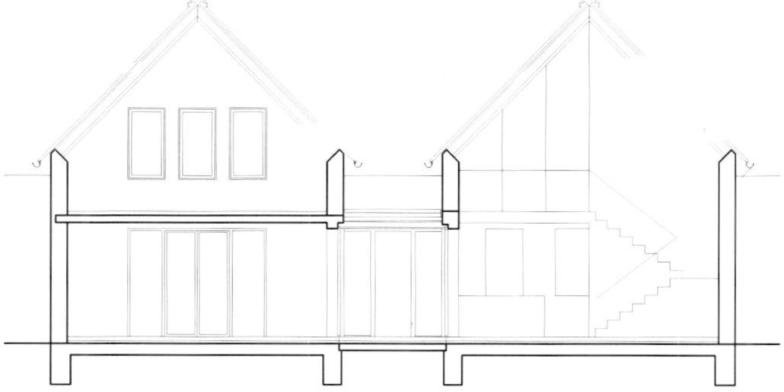

ANERKENNUNG

>>> ARCHITEKTEN: ARCHITEKTURBÜRO KAPPELMEYER, HANNOVER

Wohnen ohne Barrieren

BEHINDERTENGERECHTES WOHNHAUS IN BURGWEDEL

Lageplan

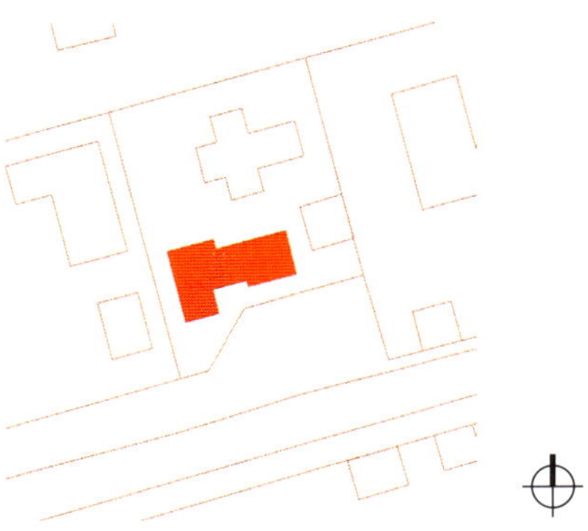

Der Traum des Bauherrn war es in einem Haus zu wohnen, das flexibel genug ist, um auf verschiedene Lebenssituationen zu reagieren. Da er Rollstuhlfahrer ist, wünschte der Bauherr sich ein Gebäude, in dem er selbstständig leben kann, das jedoch ausreichend Platz bietet, um bei Bedarf auch eine Pflegekraft unterzubringen. Nachdem er die Suche nach einer adäquaten Wohnung längst aufgegeben hatte, beschloss er, auf dem Grundstück der Eltern ein eigenes Haus errichten zu lassen. Um das dort vorhandene Wohngebäude möglichst wenig zu verschatten, entwarf Architekt Thorsten Kappelmeyer einen Flachdachbau in zwei Ebenen, den er dicht an den südlichen Grundstücksrand rückte. Am Ende des lang gestreckten Riegels erhebt sich ein Kopfbau, der die Trennung der beiden Wohnbereiche auch nach außen hin deutlich macht.

Im Erdgeschoss sind die Wohnräume des Bauherrn untergebracht. Hinter einer Einbau-Regalwand, die Küche und Wohnzimmer voneinander trennt, verbirgt sich unauffällig ein Aufzug. Er ist als offenes, fahrbares Podest konzipiert, dessen Oberkante bündig mit dem Fliesenbelag im Wohnraum abschließt. Der Lift führt in die zweite, kleinere Wohnung in der darüber liegenden Ebene. Sie wird derzeit als Gästeappartement genutzt, kann jedoch bei Bedarf auch zu einer völlig separaten Einheit umfunktioniert werden. Für diesen Fall wurde im Entwurf bereits eine außen liegende Treppe und ein eigener Zugang an der Nordseite vorgesehen, der ohne allzu großen Aufwand nachträglich ergänzt werden kann.

Im Süden ist der Gästewohnung eine großzügige Terrasse vorgelagert, die einen geschützten Außenraum mit freiem Blick in die umgebende Landschaft bildet. Das Dach über dem Flachbau wurde nicht nur aus ökologischen Gründen extensiv begrünt: Auf dem kleinen Restgrundstück wollten die Architekten dem Bauherrn auf diese Weise den Garten – wenigstens optisch – ersetzen.

Das Haus ist in Holzrahmenkonstruktion erstellt. Die Außenwände wurden zweischalig ausgeführt und mit einer Wärmedämmung aus Zellulosefasern ausgeflockt. Decken und Dachbauteile liegen dabei nur auf der tragenden Innenschale. Die Fassade wurde mit vorpatiniertem Lärchenholz verkleidet, das bereits den witterungsbedingten silbrigen Grauton hat. Für kräftige Farbakzente sorgen die wasserfest verleimten Birkensperrholztafeln, die in den überdachten Bereichen zum Einsatz kamen. Die rotbraun lasierten Flächen heben sich deutlich aus der Fassade hervor und lassen den Bau plastischer erscheinen.

Der Zugangsbereich an der Südseite. In der oberen Ebene ist neben der Loggia eine kleine Gästewohnung untergebracht, die völlig separat erschlossen werden kann.

Der schmale Garten an der Nordwestseite trennt Alt- und Neubau voneinander. Die Vertikale des zweigeschossigen Kopfbaus wird durch die wie ausgefräst wirkende, farbige Gebäudeecke zusätzlich betont.

Die Gästewohnung in der oberen Etage mit Ausgang auf die überdachte Loggia.

Blick auf den Wohnraum im Erdgeschoss. Im Winkel beider Baukörper entstand ein geschützter kleiner Vorplatz.

Der Wohn- und Essbereich im Erdgeschoss. Hinter dem Einbauregal verbirgt sich ein offener Lift, der durch eine Aussparung in der Decke mit der darüber liegenden Wohnung verbunden ist.

Die sichtgeschützte Loggia ist mit rot-braun lasierten Birkensperrholztafeln verkleidet: ein kräftiger Farbkontrast zum silbrig-grauen Lärchenholz der Fassade.

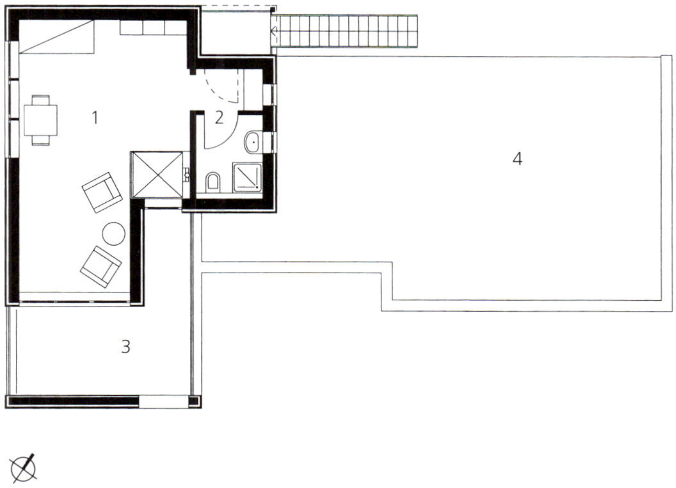

Obergeschoss
M 1:200

1 Gäste, Wohnen
2 Bad
3 Terrasse
4 Gründach

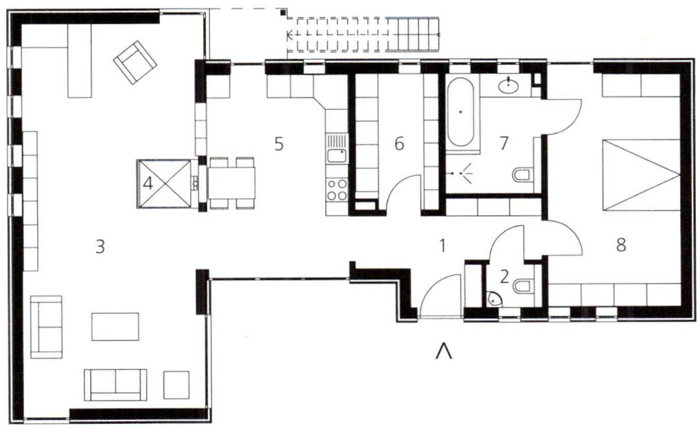

Erdgeschoss
M 1:200

1 Flur
2 WC
3 Wohnen
4 Aufzug
5 Küche, Essen
6 Abstellraum, Heizung
7 Bad
8 Schlafen

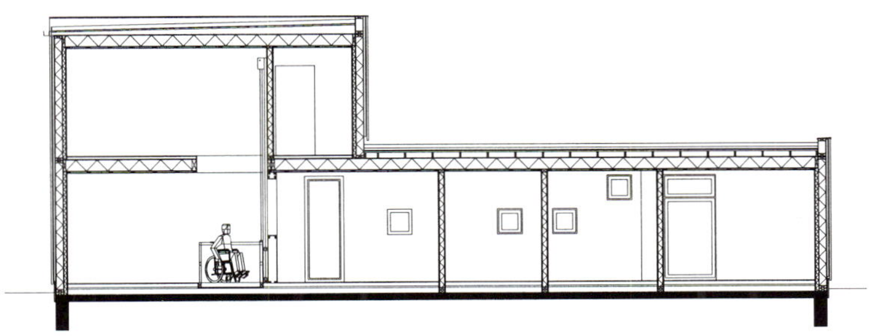

Schnitt
M 1:200

Büroprofil

Architekturbüro Kappelmeyer
Platanenhof 2
D-30659 Hannover
Projektmitarbeit:
Dipl.-Ing. (FH)
Christoph Zaepke

Studienort:
Dipl.-Ing. Thorsten Kappelmeyer:
Universität Hannover
Eigenes Büro:
seit 1994
Anzahl der Mitarbeiter:
1–2
Arbeitsschwerpunkte:
Wohnungsbau, Sanierungen, denkmalpflegerische Arbeiten

Arbeits- und Entwurfsphilosophie:
Wenn über unsere Gebäude diskutiert wird, haben wir das Gefühl, alles richtig gemacht zu haben.

Gebäudedaten

Grundstücksgröße: 343 m²
Wohnfläche: 141 m²
Anzahl der Bewohner: 1–2
Baukosten je m² Wohnfläche:
1083 Euro
Baukosten gesamt:
152 644 Euro
Baujahr: 2000

ANERKENNUNG

>>> ARCHITEKTEN: ARCHIFACTORY.DE, BOCHUM

Monolith in Lärche

EINFAMILIENHAUS IN DORTMUND

Lageplan

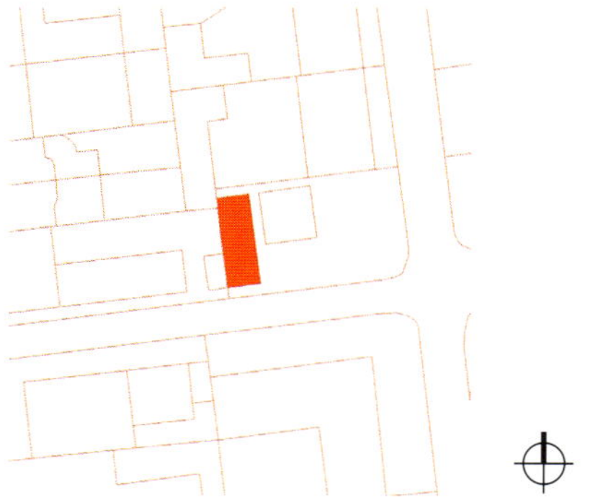

Skulptur und Wohnhaus zugleich. Wie ein Monolith ragt dieser markante Baukörper in den Straßenraum und hebt sich selbstbewusst von der Satteldacharchitektur seiner Umgebung ab. Eigentlich handelt es sich bei dem Gebäude, das in einem südlichen Vorort von Dortmund entstand, um einen „Anbau" an ein Einfamilienhaus aus den 1940er Jahren, das um eine zusätzliche Wohnung erweitert werden sollte. Mit ihrem unkonventionellen Entwurf interpretierten die Architekten Matthias Herrmann und Matthias Koch den Neubau jedoch als einen völlig eigenständigen, minimalistischen Baukörper – einen „skulptural durchgeformten Holzklotz" – , den sie in nur einem Meter Entfernung neben dem alten Wohnhaus positionierten.

Die Außenwände des Massivbaus sind komplett mit sägerauen, unbehandelten Holzbohlen aus Lärche verkleidet und lassen ihn als eine homogene Einheit, als Solitär erscheinen. Auf Dachüberstände, Regenrinnen, Kamin und Vordach haben die Architekten ganz bewusst verzichtet. Nichts sollte die gleichmäßige Oberflächenstruktur des Gebäudes stören. Auch die schwarz lackierten Aluminiumprofile der Fenster und Türen sitzen bündig in der Holzfassade.

Wer das Haus betritt, gelangt neben der Garage zunächst in eine tiefer liegende trapezförmig zugeschnittene Diele, von der aus eine Treppe zum offenen Wohnraum hinaufführt und den Blick in einen kleinen Innenhof freigibt. Um die vorhandene Fläche in dem schmalen Baukörper optimal zu nutzen, konzipierten die Architekten eine Mischung aus Split-Levels und Normalgeschossen. Das offene Treppenhaus im Zentrum, das selbst wie eine Skulptur wirkt, die in das Gebäude hineingeschoben wurde, verbindet die einzelnen Wohnbereiche. Erdgeschoss und Galerieebene sind als ein fließendes Raumkontinuum gestaltet, in dem die Funktionen Wohnen, Kochen, Essen und Arbeiten jeweils einzelne Zonen einnehmen. Sie sind über einen mehr als zweigeschossigen Luftraum auch optisch miteinander verbunden. Der dunkel gefärbte Terrazzoboden, der durchgehend im ganzen Haus verlegt ist, unterstreicht diese räumliche Einheit.

In der obersten Ebene befinden sich Schlafraum und Bad, auf der gegenüberliegenden Seite, zur Straße nach Süden hin orientiert, liegt eine großzügige Dachterrasse: Sie ist auf allen drei Seiten von zweieinhalb Meter hohen, hölzernen Wänden umgeben und bildet einen sichtgeschützten, völlig abgeschotteten Freiraum, der sich hinter der Gebäudehülle verbirgt und nach außen nicht in Erscheinung tritt.

▮ *Der Baukörper hebt sich wohltuend von der umgebenden Satteldacharchitektur ab. Die mit massiven Lärchenholzbohlen verkleideten Außenwände unterstreichen seinen monolithischen Charakter.*

▮ *Blick auf den Innenhof an der Nordseite. Nur eine schmale Gasse trennt den Neubau vom alten Wohnhaus aus den 1940er Jahren.*

▮ *Die einzelnen Wohnebenen gehen fließend ineinander über und sind durch das offene Treppenhaus miteinander verbunden. Als Bodenbelag wurde durchgängig anthrazit eingefärbter Terrazzo verlegt.*

▮ *Die sichtgeschützte Dachterrasse. Die schmalen Klappelemente in den Holzwänden lassen sich öffnen und geben den Blick nach draußen frei.*

▮ *Der zweigeschossige Luftraum über dem Wohnbereich im Erdgeschoss verbindet die einzelnen Ebenen auch optisch miteinander.*

▮ *Das Luftbild zeigt die beengte Bebauungssituation.*

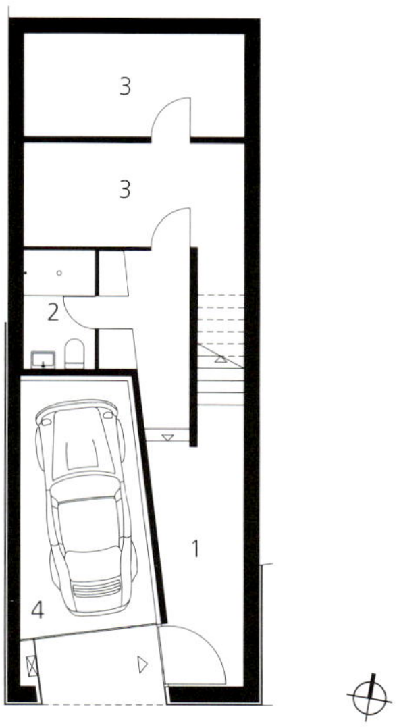

Erdgeschoss
M 1:200

1 Foyer
2 Gäste-WC
3 Keller
4 Garage

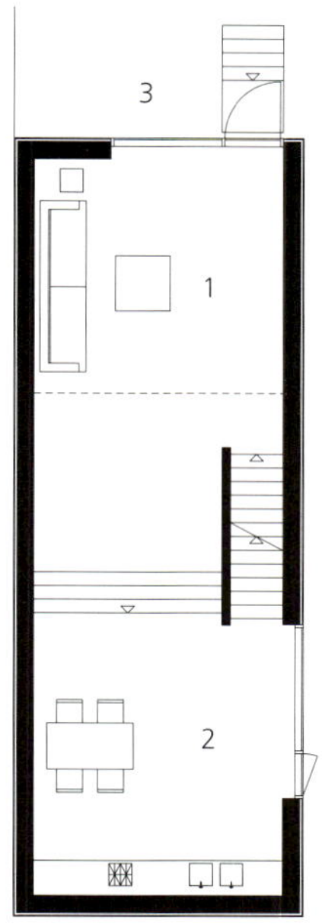

Obergeschoss 1
M 1:200

1 Wohnen
2 Küche, Essen
3 Terrasse

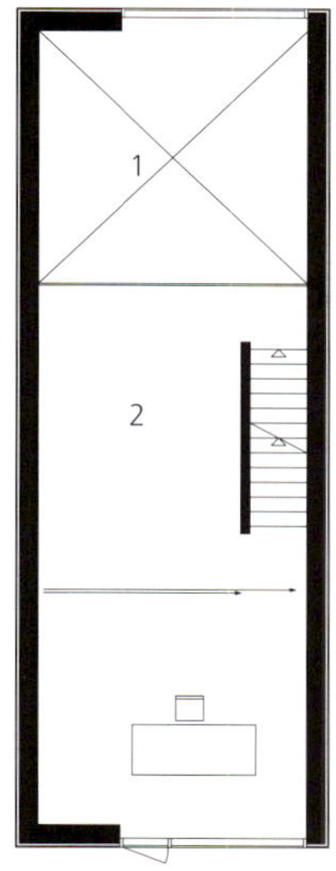

Obergeschoss 2
M 1:200

1 Luftraum
2 Galerie

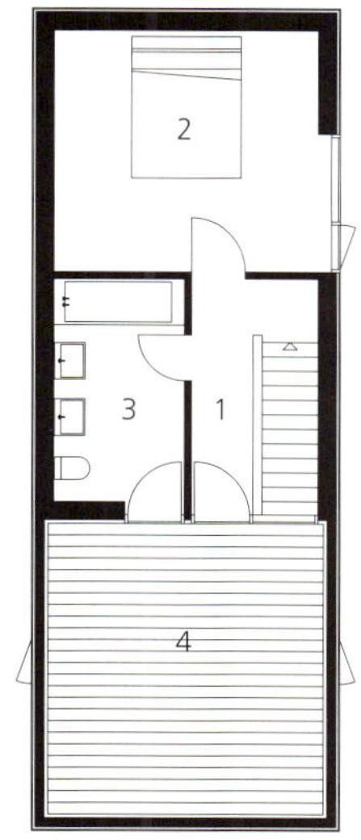

Obergeschoss 3
M 1:200

1 Flur
2 Schlafen
3 Bad
4 Patio

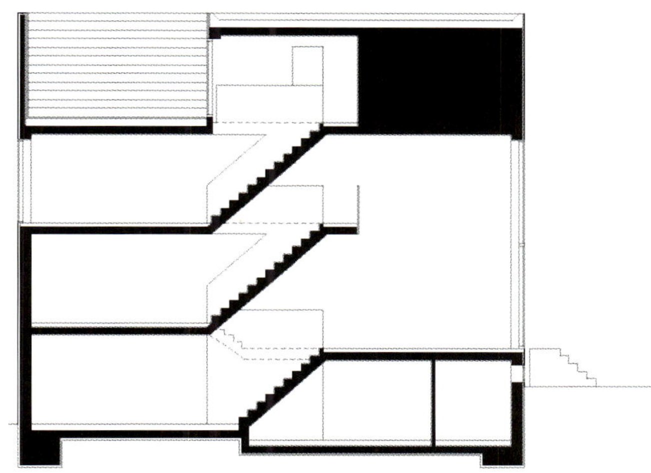

Schnitt
M 1:200

Büroprofil

Archifactory.de
Markstraße 254
D-44799 Bochum
www.archifactory.de
Projektmitarbeit:
Till Roggel

Studienort:
Matthias Herrmann/
Matthias Koch:
Dortmund/Stuttgart

Gemeinsames Büro:
seit 1999

Anzahl der Mitarbeiter:
4

Arbeitsschwerpunkte:
Keine Schwerpunkte

Arbeits- und Entwurfsphilosophie:
Wir entwickeln unsere Architektur nicht nach einem äußeren, erkennbaren Zeichen, das stilbildend ist. Wir verstehen Architektur als Prozess der Veränderungen, als Reise, als ständigen Aufbruch zu neuen Lösungen, in dem sich Vertrautes, Bekanntes und Bewährtes in neuer und anderer Form zur Erscheinung bringen kann.

Gebäudedaten

Grundstücksgröße: 435 m²
Wohnfläche: 135 m²
Dachterrasse: 20 m²
Zusätzliche Nutzfläche in Keller und Garage: 33,2 m²
Anzahl der Bewohner: 2–3
Baukosten je m² Wohn- und Nutzfläche: 1117 Euro
Baukosten gesamt:
188 000 Euro
Baujahr: 2001

ANERKENNUNG

>>> ARCHITEKTEN: HEIKE SCHNEIDER UND JÖRG SCHAAL, LOHFELDEN-VOLLMARSHAUSEN

Weiße Villa

EINFAMILIENHAUS IN LOHFELDEN-VOLLMARSHAUSEN

Lageplan

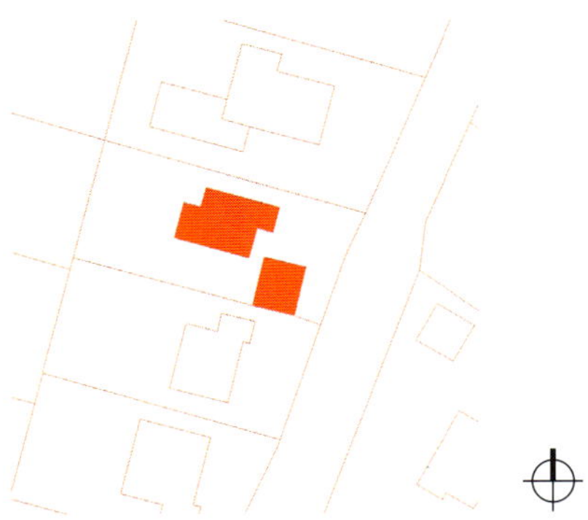

Die räumliche Großzügigkeit eines städtischen Lofts, verbunden mit den Annehmlichkeiten eines Hauses im Grünen. Diese Idee schwebte dem Architektenpaar Heike Schneider und Jörg Schaal vor, als sie sich entschieden, ihre Wohnung in einer umgebauten Lagerhalle der Kasseler City aufzugeben und auf einem Gartengrundstück in der nahe gelegenen Gemeinde Lohfelden-Vollmarshausen ihr eigenes Domizil zu errichten.

Nicht modern, aber zeitgemäß sollte das Haus werden. Eine einfache, klare Formensprache und harmonische Proportionen kennzeichnen den Neubau, der sich aus zwei gegeneinander versetzten und unterschiedlich hohen weißen Kuben zusammenfügt. Das Grundrisskonzept wird so auch von außen her ablesbar. Im kleineren Trakt an der Nordseite sind alle Nebenräume, ein Gästezimmer sowie die Bibliothek untergebracht. Der größere Baukörper hingegen ist dem Wohnen vorbehalten. Auch die Fassade spiegelt diese Trennung in zwei Einheiten wieder.

Der Funktions-Kubus ist mit so genanntem Bossenputz – er kam früher bei Jugendstilhäusern im Sockelbereich zum Einsatz – horizontal gegliedert und unterscheidet sich damit deutlich von der glatten Front des Hauptbaukörpers. Dort befinden sich im Erdgeschoss die Küche sowie ein offener Ess- und Wohnbereich, der über einen Luftraum mit der darüber liegenden Galerieebene auch optisch verbunden ist. In der großen Wohnhalle wird der zentrale Entwurfsgedanke der Architekten deutlich: ein „offenes" Haus zu bauen, das vielfältige Blickbeziehungen in seinem Innern, aber auch nach draußen möglich macht. Zum Garten auf der Südseite ist das Gebäude daher in beiden Ebenen mit breiten Fensterfronten verglast, die an den Ecken rahmenlos aneinander stoßen – der Wohnraum scheint fließend ins Grüne überzugehen. Auch im Obergeschoss, wo sich der private Rückzugsbereich der Bewohner befindet, sorgen deckenhohe Schiebetüren für mehr Weite und Großzügigkeit.

Das Haus ist in konventioneller Bauweise – Mauerwerk im Wärmedämmverbundsystem mit einer Putzfassade – ausgeführt. Lediglich bei der durchgehenden Wand im Wohnraum, die die beiden Kuben voneinander trennt, entschieden sich die Architekten für Sichtbeton, ebenso bei der frei schwebenden Treppe, die sich wie ein breites Band zur Galerie hinaufzufalten scheint. Dass sie die Stufen wegen der mangelhaften Bauausführung später mit hellgrauem Filz belegen mussten, fällt – zumindest auf den ersten Blick – kaum auf.

Blick auf die Gartenseite im Südwesten. Große Glasflächen, die an den Ecken rahmenlos aneinander stoßen, sorgen für fließende Übergänge zwischen Innen und Außen.

Die beiden Kuben sind leicht gegeneinander versetzt. Der höhere Baukörper wird durch horizontale Einkerbungen im Putz zusätzlich betont.

▮ *Der schmale Bauteil, in dem sich die Nebenzonen befinden, tritt auf der Gartenseite ganz hinter dem Hauptbaukörper zurück.*

▮ *Die gefaltete Treppe aus Sichtbeton wurde als Fertigteil eingebaut. Sie führt hinauf zur Galerieebene mit den Schlaf- und Nebenräumen.*

▮ *Die großzügige, zweigeschossige Wohnhalle im Erdgeschoss bildet den Mittelpunkt des Hauses. Im Hintergrund die offene Küche und der Eingangsbereich.*

▮ *Garderobe und Gästetrakt können durch eine breite Schiebetür vom Wohnbereich getrennt werden. Die rot lackierten Schrankwände sind ein kräftiger Farbkontrast zum hellen Grau des Sichtbetons.*

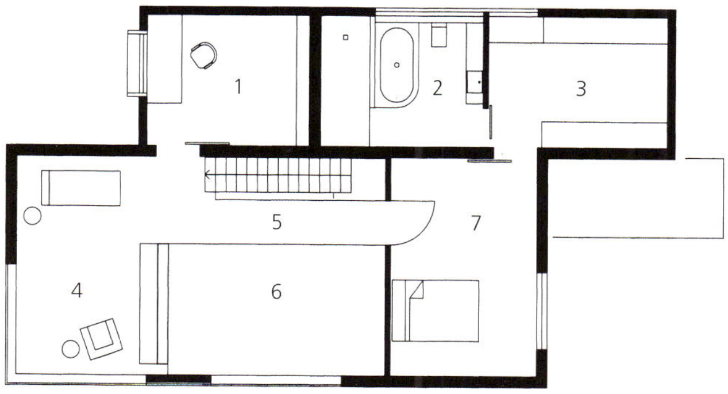

Obergeschoss
M 1:200

1 Bibliothek
2 Bad
3 Ankleide
4 Galerie
5 Brücke
6 Luftraum
7 Schlafen

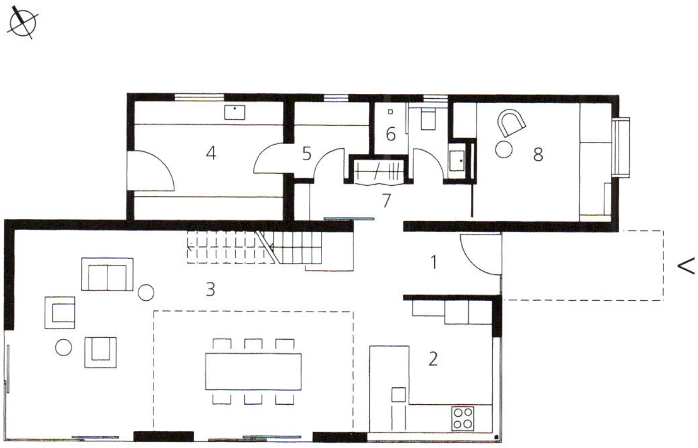

Erdgeschoss
M 1:200

1 Eingang
2 Kochen
3 Wohnen, Essen
4 Technik
5 Abstellraum
6 Dusche, WC
7 Gang
8 Gast

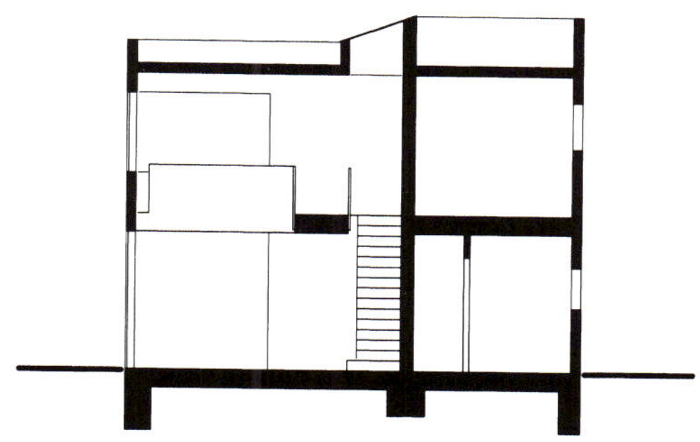

Schnitt
M 1:200

Architektenprofil

Heike Schneider und Jörg Schaal
Eichenweg 6
D-34253 Lohfelden-Vollmarshausen
Studienort:
Dipl.-Ing. Architekten Heike Schneider/Jörg Schaal:
FH Hildesheim-Holzminden
Arbeits- und Entwurfsphilosophie:
Funktionen eine Hülle geben, ohne sie in Räumen zu verschließen. Blickbeziehungen ermöglichen, Ein- und Ausblicke gewähren, vertikale und horizontale Offenheit schaffen, um eine größtmögliche Gemeinschaft der Bewohner herzustellen. Zusammenspiel sich wandelnder Natur mit in sich ruhenden Formen, Farben und Materialien der Architektur.

Gebäudedaten

Grundstücksgröße: 812 m²
Wohn- und Nutzfläche: 145 m²
Anzahl der Bewohner: 2
Baukosten je m² Wohn- und Nutzfläche: 1200 Euro
Baukosten gesamt: 174 000 Euro
Baujahr: 2000

ANERKENNUNG

>>> ARCHITEKTEN: BUDDENBERG.ARCHITEKTEN, DÜSSELDORF

Fenster zum Hof

EINFAMILIENHAUS IN DÜSSELDORF

Lageplan

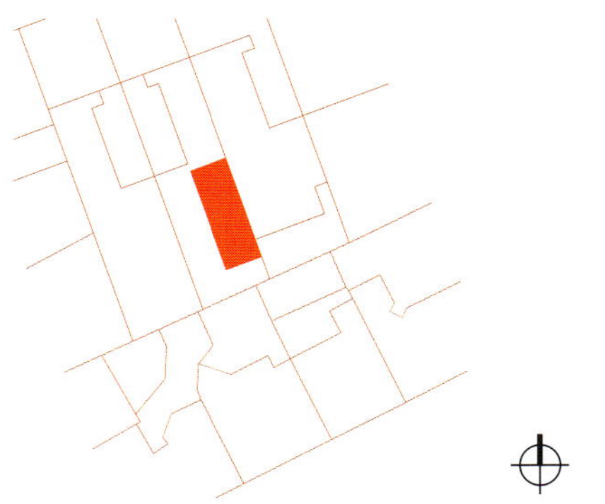

Mitten in der Stadt und doch im Grünen: Dieses kleine Einfamilienhaus, das Architekt Oliver Buddenberg für sich und seine Familie gebaut hat, steht im Innenbereich einer Blockrandbebauung aus der Zeit um 1900 – direkt in der Düsseldorfer City. Da der Hof nur über das Vorderhaus an der Straße zu erreichen ist, stellte die Logistik der Baustelle eine besondere Herausforderung dar. Die Nachschublieferungen konnte der Architekt laufend vor Ort überwachen: Sein Büro befindet sich im Erdgeschoss des Altbaus.

Das Grundrisskonzept des Gartenhofhauses ermöglicht seinen vier Bewohnern ein hohes Maß an Flexibilität: Die gut 100 Quadratmeter Wohnfläche verteilen sich über zwei Etagen und bestehen aus einem einzigen Raum ohne trennende Wände. Durch die Aufteilung in verschiedene Wohnbereiche mit unterschiedlichen Funktionen ist es dem Architekten jedoch gelungen, das Haus trotz seiner Offenheit zu zonieren. Im Erdgeschoss liegt der „gesellige" Wohn-, Koch- und Essbereich, in der oberen Etage befindet sich der private Rückzugsbereich mit Schlafzonen und Bad. Optisch werden die beiden Geschosse über einen Luftraum mit einer großen Deckenöffnung über dem Esstisch verbunden.

Eine Besonderheit dieses Einraum-Hauses ist ein seitlicher „Funktionsriegel", der sich in beiden Ebenen über die gesamte Gebäudelänge erstreckt. In ihm sind Treppe, Sanitärbereiche und andere zuschaltbare Flächen – so beispielsweise auch die Schlafkoje der Kinder – untergebracht, die den Allraum funktional ergänzen. Deckenhohe Türelemente, die entlang des Riegels verlaufen, können bei Bedarf auf- oder zugeschoben werden: Die Wohnfläche lässt sich auf diese Weise erweitern und auch wieder verkleinern, ohne an Trennwände zu stoßen. Der Innenraum sieht nicht nur jeweils anders aus, sondern er passt sich auch flexibel den verschiedensten Alltagssituationen und Ansprüchen seiner Bewohner an.

Bei der Bauausführung kamen unterschiedliche Materialien zum Einsatz. Die Außenwände sind aus Porenbetonsteinen gemauert; Boden, Geschossdecke, Schottenwände und Brüstungen sind hingegen in Stahlbeton ausgeführt. Dezentes Anthrazitgrau findet sich durchgängig als farbiges Gestaltungselement wieder: Die dunkel gefärbten Sichtbetonwände, der beschichtete Estrichboden und auch die Putzfassade erscheinen Ton in Ton. Einen reizvollen Kontrast zum eher kühlen Grau bildet das warme Orange des Lärchenholzes, das bei Fensterrahmen, Schiebeläden und vielen Möbeln im Innern verwendet wurde.

Der Eingangsbereich an der Nordseite. Die kühl wirkende, anthrazitfarbene Putzfassade bildet einen reizvollen Farbkontrast zum warmen, orangefarbenen Ton der Lärchenholzfenster.

Ein gelungenes Beispiel für das Bauen im Bestand: Im Innenhof einer Blockrandbebauung inmitten der Düsseldorfer City entstand dieses kleine Einfamilienhaus.

▮ *Oben: Der Neubau nutzt das schmale Gartengrundstück in optimaler Weise aus. In Form und Farbe setzt er sich ganz bewusst von seiner Umgebung ab.*

▮ *Unten: Der offene Koch- und Essbereich des Einraumhauses. Hinter den Schiebetüren an der Längsseite verbergen sich in einem Funktionsriegel zusätzliche Flächen und Stauräume.*

▮ *Blick vom Garten in den Wohnbereich. Der Essplatz ist über einen Luftraum mit der oberen Etage verbunden. Im Hintergrund der geöffnete Funktionsriegel.*

▮ *Ton in Ton: Dunkel eingefärbter Sichtbeton und Estrich in dezentem Anthrazitgrau.*

Obergeschoss
M 1:250

1 Spielen
2 Luftraum
3 Lesen
4 Schlafen

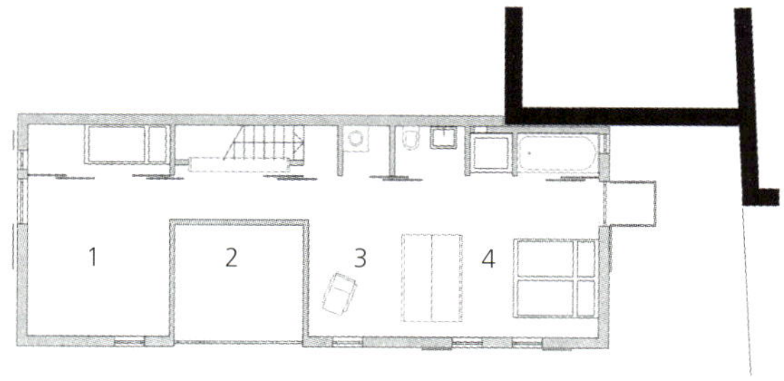

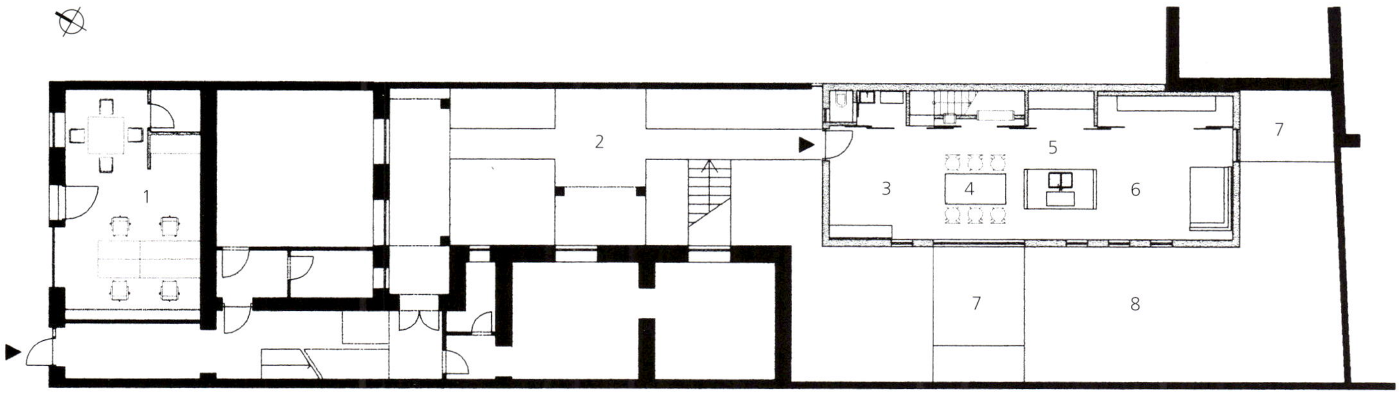

Erdgeschoss
M 1:250

1 Architekturbüro
2 Innenhof
3 Empfangen
4 Essen
5 Kochen
6 Wohnen
7 Terrasse
8 Garten

Schnitt
M 1:250

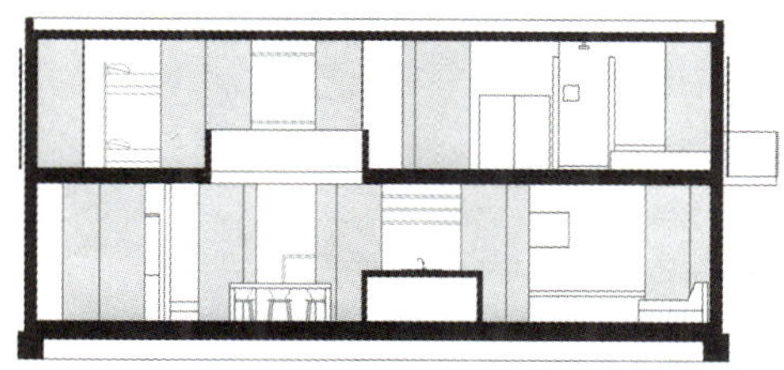

Büroprofil

buddenberg.architekten
Tannenstraße 9
D-40476 Düsseldorf
www.buddenberg-architekten.de
Projektmitarbeit:
Dipl.-Ing. (FH) Inge Tauchmann
Studienort:
Oliver Buddenberg:
FH Düsseldorf (Architektur),
FH Köln (Baudenkmalpflege)

Eigenes Büro:
seit 2000
Anzahl der Mitarbeiter:
1 und 2 freie Mitarbeiter
Arbeitsschwerpunkte:
Wohnungsbau, Altbausanierung, Gewerbebau
Arbeits- und Entwurfsphilosophie:
Gut ist nicht gut genug.

Gebäudedaten

Grundstücksgröße: 425 m²
Wohnfläche: 106 m²
Zusätzliche Nutzfläche (Keller, Technik) im Altbau: 30 m²
Anzahl der Bewohner: 4
Baukosten je m² Wohnfläche: 1250 Euro
Baukosten gesamt: 132 500 Euro
Fertigstellung: 2002

ANERKENNUNG

>>> ARCHITEKTEN: DD1 ARCHITEKTEN, DRESDEN

Knick in der Optik

EINFAMILIENHAUS IN DRESDEN

Lageplan

Irgendwie schräg wirkt dieses Einfamilienhaus, das DD1 Architekten auf einem Grundstück im Dresdner Stadtteil Bühlau für eine vierköpfige Familie gebaut haben. Doch der Knick in der Optik ist eine ganz bewusste Inszenierung. Das Gebäude, das auf seiner Gartenseite von Wiesen und alten Obstbäumen umgeben ist, dreht sich leicht aus dem rechten Winkel und reagiert damit auf seine Umgebung – es wendet sich buchstäblich dem Grünen zu.

Die Orientierung des ganzen Baukörpers in Richtung Süden wird auch an der Fassade deutlich. Zur Straße und zur umgebenden Bebauung ist die glatte Front nur von wenigen Fenstern durchbrochen. Auf den gegenüberliegenden Seiten löst sich die Fassade in große Glasflächen auf, die Sichtbezüge zum Garten und zur freien Landschaft entstehen lassen. Hervortretendes Gestaltungselement an der Eingangsseite ist ein holzverschalter Bügel, der Carport und Hauszugang überdacht und beide zu einer optischen Einheit verbindet.

Der Grundriss ist sehr straff organisiert und die Verkehrsflächen reduzieren sich im Erdgeschoss auf ein Minimum. Windfang, Treppe, Küche, Gäste-WC und ein winziges Arbeitszimmer sind kompakt auf der nördlichen Gebäudehälfte zusammengefasst, während die andere Seite ganz vom offenen Wohnraum eingenommen wird, der sich über die gesamte Hausbreite von gut elf Metern erstreckt. Die drei Schlafzimmer sind in der oberen Etage untergebracht. Der Erschließungsgang an der Nordseite erhält durch eine Öffnung in der Decke zusätzliches Licht. Über einen Luftraum im Eingangsbereich wird ein direkter Sichtkontakt zwischen Wohn- und Schlafebene hergestellt.

Das Tragwerk des Hauses besteht aus Mauerwerk – Porotonziegel mit mineralischer Dämmung –, Stahlbetondecken und einem leicht geneigten Stahlbetondach mit diagonalem First, sodass auf allen vier Gebäudeseiten der Eindruck eines Pultdachs entsteht. Diese ungewöhnliche Konstruktion ist ein gelungener Kompromiss zwischen den Bauherren, die sich ein geneigtes Dach wünschten, und den Architekten, die ein Flachdach favorisierten.

Durchgängig wurde unbehandeltes Lärchenholz für die Fassadenelemente und den Carport eingesetzt. Da die großen Fensterflächen im Obergeschoss als Festverglasung ausgeführt sind, befinden sich die Öffnungsflügel nicht, wie sonst üblich, in den Glasflächen, sondern sind in den geschlossenen, holzverkleideten Fassadenteilen verborgen – man muss bei diesem Haus also immer zweimal hinsehen!

▮ *Leicht schräg in jeder Hinsicht: Das asymmetrische, trapezförmig geschnittene Gebäude dreht sich an seiner Südseite aus dem rechten Winkel.*

▮ *Die Nordseite ist nahezu hermetisch geschlossen. Hervortretendes Gestaltungselement ist der mit Lärchenholz verschalte Bügel, der Carport und Eingangsbereich unter einem Dach zusammenfasst.*

Der offene Koch- und Essbereich im Erdgeschoss mit Sichtkontakt ins Grüne.

Der Trick mit dem Knick: Der Dachfirst verläuft diagonal. Auf diese Weise hat das Haus auf jeder seiner vier Seiten ein leicht geneigtes Pultdach.

Vom Erschließungsflur in der oberen Ebene kann man direkt in den Windfang blicken. Über eine Aussparung in der Decke fällt zusätzliches Licht ins Treppenhaus.

Obergeschoss
M 1:200

1 Flur
2 Bad
3 Schlafen

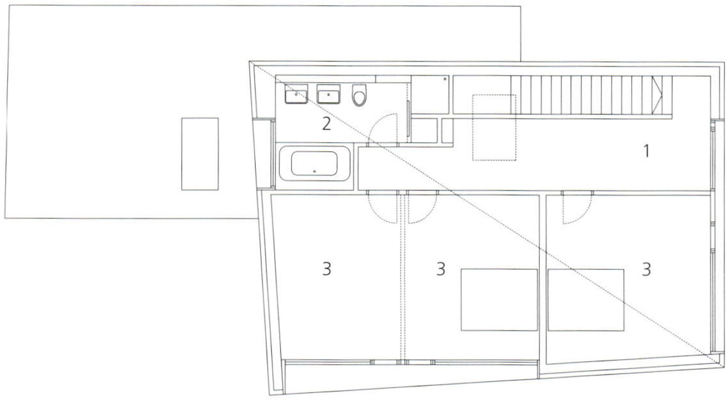

Erdgeschoss
M 1:200

1 Carport
2 Arbeiten
3 Dusche, WC
4 Garderobe
5 Wohnen, Essen
6 Kochen

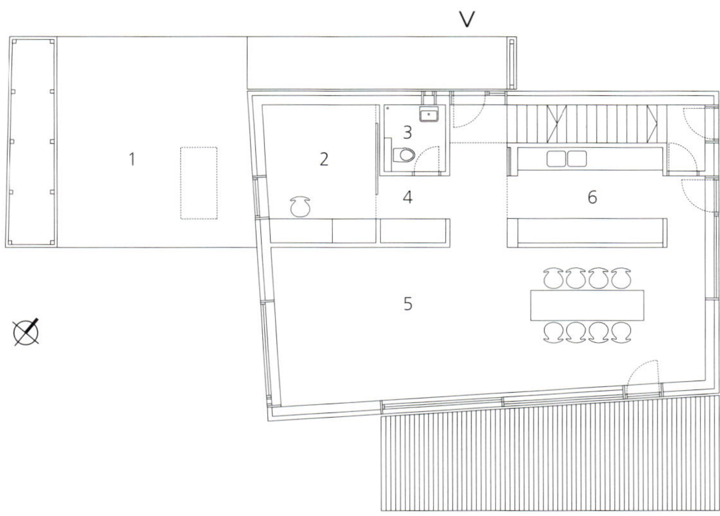

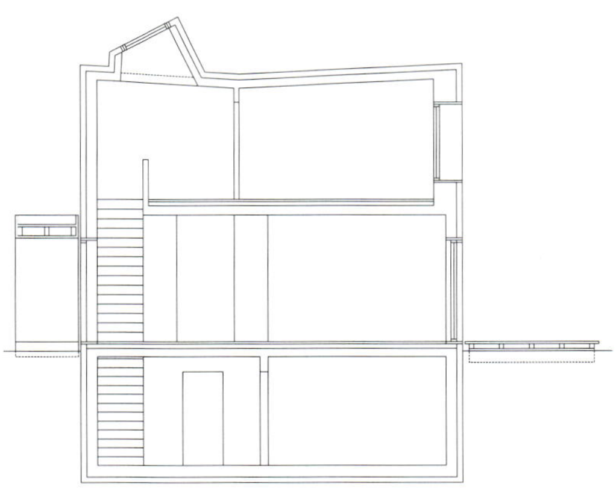

Schnitt
M 1:200

Büroprofil

DD1 Architekten
Chemnitzer Straße 78
D-01187 Dresden
www.dd1architekten.de
Projektmitarbeit:
Andreas Schwarzenberger
(Bauleitung)

Studienort:
Eckhard Helfrich/Lars Olaf Schmidt/Rainer W. Strauss: FH Kaiserslautern, TU Dresden/HTW Saarbrücken, TU Dresden/FH Stuttgart, TU Dresden

Gemeinsames Büro:
seit 1997

Arbeitsschwerpunkte:
Keine Schwerpunkte

Lehrtätigkeit:
Eckhard Helfrich ist Assistent am Lehrstuhl für Baukonstruktion und Entwerfen bei Prof. Staib, Architekturfakultät der TU Dresden. Rainer W. Strauss ist Assistent am Lehrstuhl für Baukonstruktion bei Prof. Weller, Fakultät Bauingenieurwesen der TU Dresden.

Gebäudedaten

Grundstücksgröße: 1050 m²
Wohnfläche: 148 m²
Zusätzliche Nutzfläche: 79 m²
Anzahl der Bewohner: 4
Baukosten je m² Wohn- und Nutzfläche: 1050 Euro
Baukosten gesamt:
238 350 Euro
Baujahr: 2002

>>> ARCHITEKTEN: MARTINI ARCHITEKTEN, BONN

Mut zur Farbe

EINFAMILIENHAUS IN BONN

Lageplan

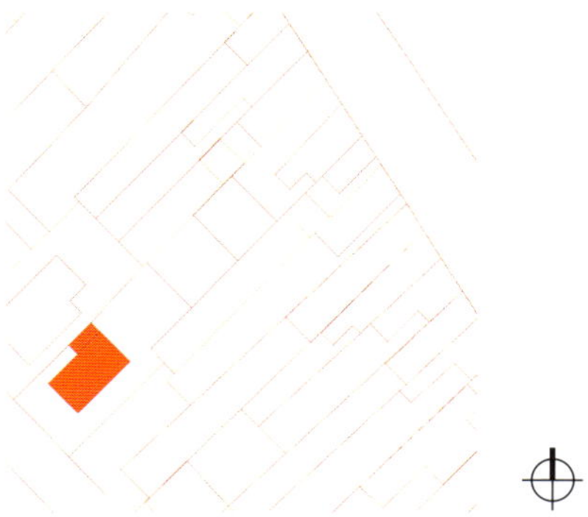

Über Geschmack lässt sich bekanntlich nicht streiten. Bei der Fassadenfarbe dieses Einfamilienhauses in Bonn schieden sich allerdings die Geister. Architekten und Bauherren erlebten ihr blaues Wunder, als aus der Nachbarschaft der Vorschlag kam, einen Neuanstrich des Hauses zu finanzieren. Doch die optische Provokation war durchaus beabsichtigt. Mit seiner klaren kubischen Form hebt sich das Haus ganz bewusst von der konventionellen Architektur seiner Umgebung ab. Die intensive Blaufärbung des Außenputzes soll diese Wirkung noch unterstreichen.

Die Bauherren, ein älteres Ehepaar, das sich nach dem Auszug der erwachsenen Kinder räumlich verändern wollte, hatten Martini Architekten mit dem Neubau eines kleineren Wohnhauses beauftragt. Der relativ enge Kostenrahmen, den sie den Planern vorgaben, führte zu einer konsequenten Einfachheit im Entwurf, die sich von der Formensprache über die Materialwahl bis hin zur Grundrissorganisation und Ausbildung der Details erstreckte.

Bereits durch die kompakte Form des zweigeschossigen Gebäudes und die Wahl der Bauweise – konventionelles Ziegelmauerwerk mit Putzfassade – konnten die Architekten die Baukosten niedrig halten. Die bewusste Reduktion auf wenige Formen und Materialien ist auch nach außen hin ablesbar. Ein einheitliches Fensterformat, ein schmales, hoch stehendes Rechteck, gliedert die Fassade mit einfachsten Mitteln und gibt ihr eine ruhige, gleichmäßige Struktur. Das durchgängige Prinzip wird nur an wenigen Stellen durchbrochen, so beispielsweise im Erdgeschoss, wo sich der Wohnraum mit einer breiten Fensterfront zum Garten hin öffnet.

Das Grundrisskonzept überzeugt durch seine schlichte Logik. An der Eingangsseite im Norden liegt eine Pufferzone, in der Erschließung und Sanitärräume untergebracht sind. Alle übrigen Zimmer orientieren sich nach Südosten hin zum Grünen. Im Erdgeschoss befinden sich Küche, der offene Wohn- und Essraum sowie ein Arbeitszimmer. In der darüberliegenden Ebene sind die beiden Schlafräume und ein weiterer Arbeitsraum untergebracht. Die leichten Zwischenwände können bei Bedarf versetzt werden. Auf diese Weise kann man die Raumaufteilung verändern und sie unterschiedlichen Anforderungen oder Lebenssituationen der Hausbewohner anpassen – ganz einfach.

▮ *Weniger ist mehr: Die Fassade ist durch ein einheitliches Fensterformat mit einfachsten Mitteln gegliedert. Bei Dunkelheit werden die hohen Fenstertüren zu schmalen Lichtstreifen.*

▮ *Mit großen Glasfronten öffnet sich das Haus an seiner Südseite zum Garten. Wohnraum und Arbeitszimmer im Erdgeschoss sind über einen Durchgang miteinander verbunden.*

▮ *Das kubische Gebäude ist eine farbliche und bauliche Provokation in der ansonsten unscheinbaren Architektur der Nachbarschaft.*

▮ *Das strenge Raster der Fassade wird von der breiten Fensteröffnung im Erdgeschoss unterbrochen.*

▮ *Durch ein Fensterband an der Nordseite fällt Licht in den oberen Erschließungsflur. Im Gegensatz zur farbenfrohen Fassade sind die Innenräume in dezentem Weiß gehalten. Für Bodenbelag und Treppenstufen wurde Eichenholz verwendet.*

Büroprofil

Martini Architekten BDA
Haager Weg 38 a
D-53127 Bonn
www.martini-architekten.de
Projektmitarbeit:
Dipl.-Ing. Kristina Augstein,
Dipl.-Ing. Thomas Koglin
Studienort:
Peter Martini/Paul Martini/
Johannes Martini:
München/Stuttgart/Aachen

Büropartnerschaft:
seit 1999
Anzahl der Mitarbeiter:
6 –10
Arbeitsschwerpunkte:
Wohnungsbau, Kirchenbau, öffentliche Bauten (Schulen, Kindergärten, Kliniken)
Arbeits- und Entwurfsphilosophie:
Der Ort ist der wesentliche Ansatz aller unserer Überlegungen. Von hier aus entwickeln wir Beziehungen zu allen Eindrücken, die auf die Situation einwirken. Die Architektur setzen wir bewusst als Kommunikationsmittel ein und greifen bestehende Strukturen auf, um sie neu zuzuordnen und erfahrbar zu machen. Dies sind die wesentlichen Kriterien unserer Arbeit.

Gebäudedaten

Grundstücksgröße: 528 m²
Wohnfläche: 146 m²
Zusätzliche Nutzfläche: 85 m²
Anzahl der Bewohner: 2
Baukosten je m² Wohn- und Nutzfläche: 1026 Euro
Baukosten gesamt: 237 000 Euro
Fertigstellung: 2000

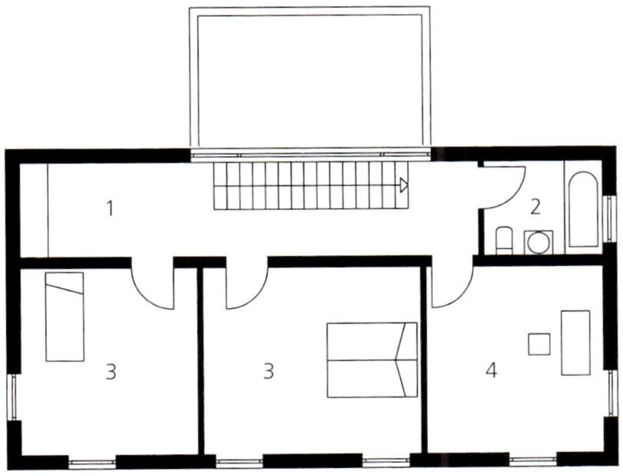

Obergeschoss
M 1:200

1 Flur
2 Bad
3 Schlafen
4 Arbeiten

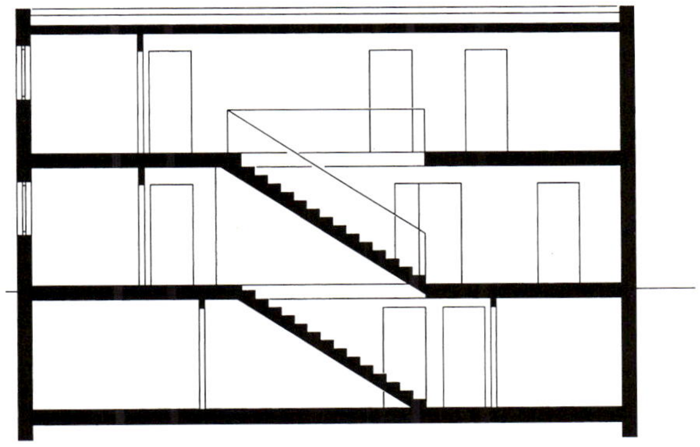

Schnitt
M 1:200

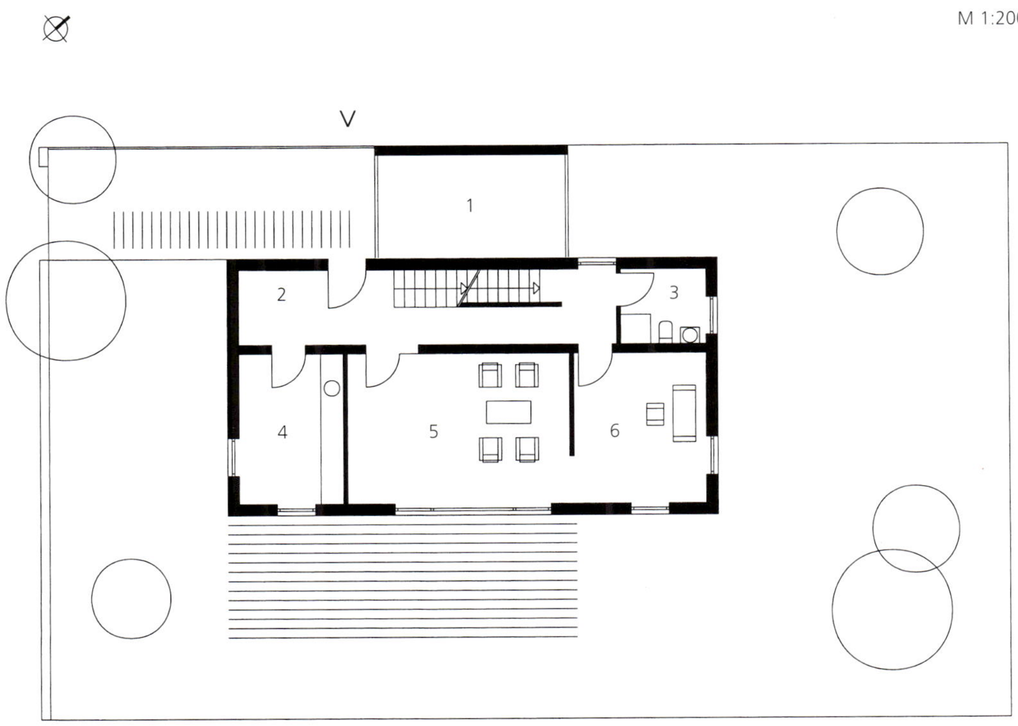

Erdgeschoss
M 1:200

1 Garage
2 Flur
3 WC
4 Küche
5 Wohnen
6 Arbeiten

ANERKENNUNG

>>> ARCHITEKTEN: HIRSCHMÜLLER SCHMIDT KASCHUB, DARMSTADT

Zwei bessere Hälften

EINFAMILIENHAUS IN SOLMS/OBERNDORF

Lageplan

Man möchte sich einfach auf die Böschung setzen und in den Garten und auf das gegenüberliegende Schloss Braunfels blicken – mehr nicht. Das war der erste Eindruck, den die Architekten bei der Ortsbesichtigung vor Baubeginn hatten. Das kleine Einfamilienhaus, das sie für ein junges Ehepaar in Oberndorf zwischen Westerwald und Taunus bauten, überträgt diesen ersten Eindruck auf die Architektur. Mit seiner Rückseite schmiegt sich das Gebäude in Längsrichtung an die bestehende Böschung des Zufahrtswegs, auf seiner Gartenseite orientiert es sich hin zum Grünen.

Das Wohnhaus entstand auf einem weitläufigen, großzügig eingegrünten Grundstück, auf dem sich im rückwärtigen Bereich bereits ein Bungalow aus den 70er Jahren – das Elternhaus des Bauherrn – befand. Für den Neubau wurde im vorderen Bereich, an der Südseite, ein kleiner Teil abgegrenzt. Um den Garten als Freiraum weitgehend zu erhalten, rückten die Architekten das Gebäude in Richtung Straße und schoben es im Osten dicht an den internen Erschließungsweg, der über das Grundstück hin zum Altbau verläuft.

Bereits an der Fassade lässt sich die Gliederung des Hauses in zwei Hälften ablesen. An der Zufahrtsseite im Osten wirkt der Bau sehr geschlossen, das Obergeschoss kragt über dem Eingangsbereich aus und nimmt mit einer leichten Schräge den Winkel der Böschungskante wieder auf. Die weiß geputzte Front ist nur spärlich mit Fenstern bestückt und lässt kaum Einblicke zu. Auf der Westseite hingegen öffnet sich das Erdgeschoss über seine gesamte Länge mit raumhohen Glasflächen und bildet einen transparenten Sockel, über dem das lärchenholzverschalte Obergeschoss zu schweben scheint.

Auch im Grundriss wird die Zweiteilung des Gebäudes konsequent weitergeführt. Auf der Ostseite, die den „Rücken" des Hauses bildet, sind Technik- und Nebenräume untergebracht. Der offene Wohnbereich im Erdgeschoss und die Schlafräume in der oberen Etage orientieren sich hingegen ganz zum Garten – mit Blick auf das nahe gelegene mittelalterliche Schloss Braunfels, das sich mit seiner imposanten Silhouette hoch über der Lahn erhebt.

Das nur 112 Quadratmeter große Haus wurde als vorgefertigte Holzrahmenkonstruktion auf einer Stahlbetonplatte errichtet. Für oberirdische Abstellflächen sorgt eine Gartenhütte, die die Terrasse zur Straße hin optisch abschirmt und mit ihrer leuchtend grünen Verkleidung aus Scobalit-Lichtbahnen selbst zu einem Hingucker wird.

▮ *Spiel mit Kontrasten: Über dem transparenten Sockel scheint das lärchenholzverschalte Obergeschoss zu schweben. Das Gartenhäuschen ist mit grünen Scobalitbahnen verkleidet und so Abstellraum und Farbtupfer zugleich.*

▮ *Blick vom Garten auf die Westseite. Die vorgelagerte Terrasse erweitert den Wohnraum nach außen. Ein durchlaufendes Fensterband fasst die Schlafräume im Obergeschoss optisch zu einer Einheit zusammen.*

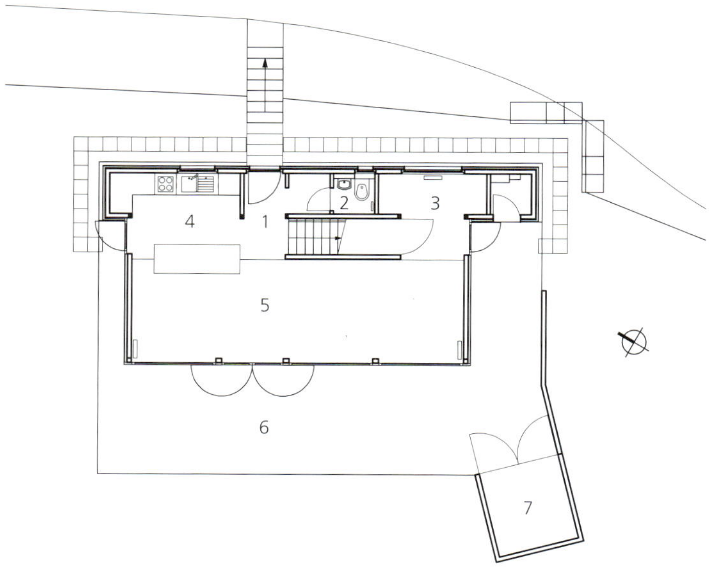

Erdgeschoss
M 1:200

1 Windfang
2 WC
3 Technik
4 Küche
5 Essen, Wohnen
6 Terrasse
7 Gartenhaus

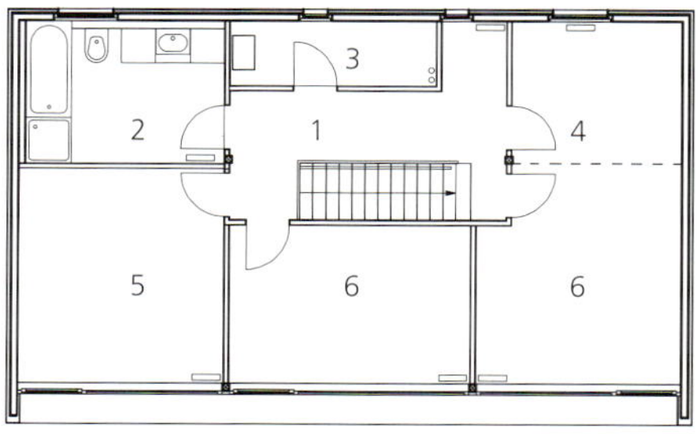

Obergeschoss
M 1:200

1 Flur
2 Bad
3 Abstellraum
4 Arbeiten
5 Eltern
6 Kind

▮ *Die schräge Auskragung an der Ostseite nimmt den Winkel der Böschungskante wieder auf.*

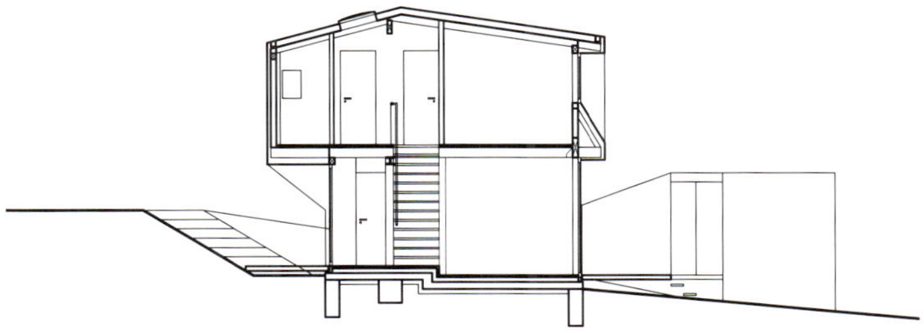

Schnitt
M 1:200

■ *Das lichtdurchflutete Erdgeschoss mit dem offenen Wohn-, Ess- und Kochbereich. Hinter der blaugrün gestrichenen Wand verbirgt sich die Treppe zu den Schlafräumen im Obergeschoss.*

Büroprofil

Architekten Hirschmüller Schmidt Kaschub
Liebigstraße 50-52
D-64293 Darmstadt
www.iiii.de
Projektmitarbeit:
Ralph Heine
Studienort:
Andreas Hirschmüller/Gerrit Schmidt/Marcel Kaschub:
FH Darmstadt/TU Darmstadt/TU Darmstadt; Paris
Büropartnerschaft:
seit 1995
Anzahl der Mitarbeiter:
5
Arbeitsschwerpunkte:
Wohnungsbau, Innenarchitektur, Büro- und Geschäftshäuser, Krankenhausbau
Arbeits- und Entwurfsphilosophie:
Wir folgen der Leitidee, dass architektonisches Gestalten und individuelles Bauen eine Frage des bewussten Umgangs mit menschlichen Bedürfnissen nach Emotionalität, Ästhetik und Identität ist. Unsere Arbeit ist es, die Persönlichkeit und die Vorstellungen unserer Bauherren im architektonischen Entwurf maßgeschneidert umzusetzen, sowie durch sinnenhafte Gestaltung erlebbar zu machen.
Lehrtätigkeit:
Gerrit Schmidt war 1997, Andreas Hirschmüller 1998 Dozent am Lehrstuhl für Hochbaukonstruktion II der TU Darmstadt.

Gebäudedaten

Grundstücksgröße: 811 m²
Wohnfläche: 112 m²
Zusätzliche Nutzfläche: 6 m²
Anzahl der Bewohner: 2
Baukosten je m² Wohn- und Nutzfläche: 1448 Euro
Baukosten gesamt: 170 900 Euro
Baujahr: 2001

>>> ARCHITEKTEN: BUB ARCHITEKTEN, POPPENHAUSEN UND DARMSTADT

Ferienhaus auf dem Vulkan

WOCHENENDHAUS IN POPPENHAUSEN

Lageplan

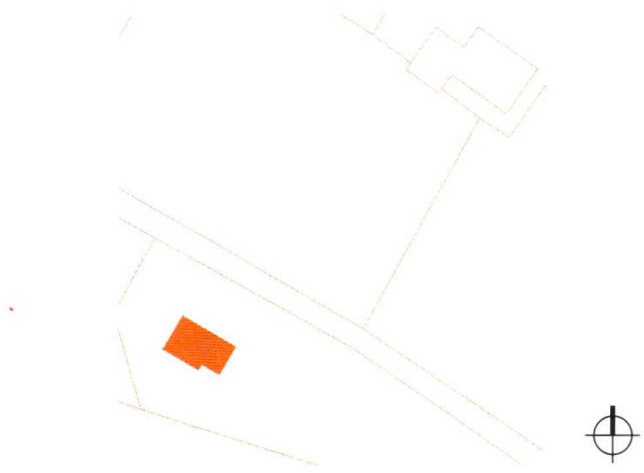

Vor vielen Millionen Jahren, als es unter der Erdkruste der Rhön noch kräftig rumorte, bahnte sich Lava ihren Weg an die Oberfläche. Die ausgetretenen Massen erkalteten und es entstanden die für die Landschaft so typischen Basaltfelsen, die auf sanft geschwungenen Kuppen thronen. Eingebettet in dieses mächtige Fundament aus vulkanischem Gestein liegt das kleine Ferienhaus, das die beiden Architektinnen Alexandra und Marion Bub auf einem parkähnlichen Grundstück, inmitten des Biosphärenreservats Rhön, errichteten.

Auf dem Gelände befand sich ursprünglich eine Holzhütte mit Kriechkeller, der ein massiver Sockelbau vorgelagert war. Da nur ein Teilabriss des alten Hauses in Frage kam – ein völlig neues Gebäude wäre im Naturschutzgebiet nicht genehmigt worden –, blieben die Schlafzimmer in dem mit Basaltstein verkleideten Sockel unter der Terrasse bestehen und wurden durch zusätzliche Räume im Untergeschoss ergänzt. Der Neubau beschränkt sich im Wesentlichen auf das eingeschossige Wohngebäude in der Eingangsebene, ein Holzsystembau, der mit rötlich lasierter Lärche beplankt wurde.

Der Grundriss thematisiert die unterschiedlichen Blickbeziehungen, die sich in die Landschaft ergeben. Die Wohnebene öffnet sich mit einer großzügigen Über-Eck-Verglasung zur Terrasse mit Aussicht auf das Panorama der Basaltberge im Norden. Ein Fenster neben dem Essplatz auf der Westseite umrahmt die Silhouette des alten Ortskerns von Poppenhausen und der Dorfkirche im Tal. An seiner Eingangsseite ist das Gebäude weitgehend geschlossen. Über ein längs verlaufendes Oberlichtband entlang der Südwand fällt jedoch ganztags Sonnenlicht in den Wohn- und Essbereich. Der Bodenbelag – geschliffener und geölter Basaltestrich – setzt sich niveaugleich auf der Terrasse fort und schafft eine optische Verbindung zwischen Innen und Außen. Garderobe, Schrankwände, Küchenzeile und Kamin sind in die tragenden Wände integriert, sodass sich die Möblierung auf das Notwendigste beschränken lässt.

Interessante Blickbezüge ergeben sich auch im Innern des Hauses. Begehbares Glas überdeckt den Erschließungsgang im Untergeschoss, so dass man vom Wohnraum direkt in den darunter liegenden Flur sehen kann. Die ins Erdreich gebetteten Schlaf- und Nebenräume sowie ein kleines Büro werden so mit natürlichem Licht versorgt. An seiner Längsseite ist der Gang von einer Natursteinmauer gesäumt: Die Sandsteinquader aus dem alten Kriechkeller kommen nun besonders effektvoll zur Geltung.

Die alte Holzhütte wurde abgerissen und durch ein neues Gebäude ersetzt.

Das mit Basaltsteinen verkleidete Sockelgeschoss blieb erhalten und bildet ein solides Fundament für den Neubau, eine Holzständerkonstruktion, die mit Schichtplatten aus rötlich lasierter Lärche beplankt wurde.

▮ *Der Wohnraum öffnet sich zur Terrasse mit einer raumhohen, über Eck laufenden Fensterfront. Über eine begehbare Glasfläche im Boden gelangt natürliches Licht ins Untergeschoss.*

▮ *Blick von Westen auf den Wohnraum und die vorgelagerte Terrasse.*

▮ *Wie auf einer Aussichtsplattform scheint das kleine Ferienhaus zu thronen – mit Panoramablick auf den Kalvarienberg.*

▮ *Der Erschließungsgang in der Schlafebene wird von einer Mauer aus Sandsteinquadern gesäumt.*

Erdgeschoss
M 1:200

1 Wohnen, Essen, Kochen
2 Kamin
3 Terrasse

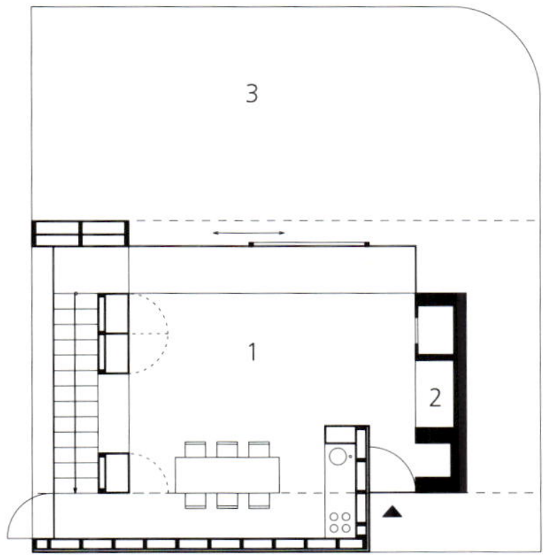

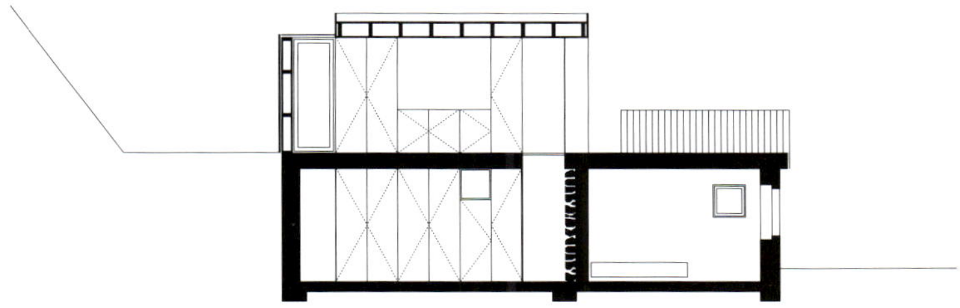

Schnitt
M 1:200

Hanggeschoss
M 1:200

1 Schlafen
2 Büro
3 WC
4 Duschbad
5 Sauna, Dampfbad
6 Technik

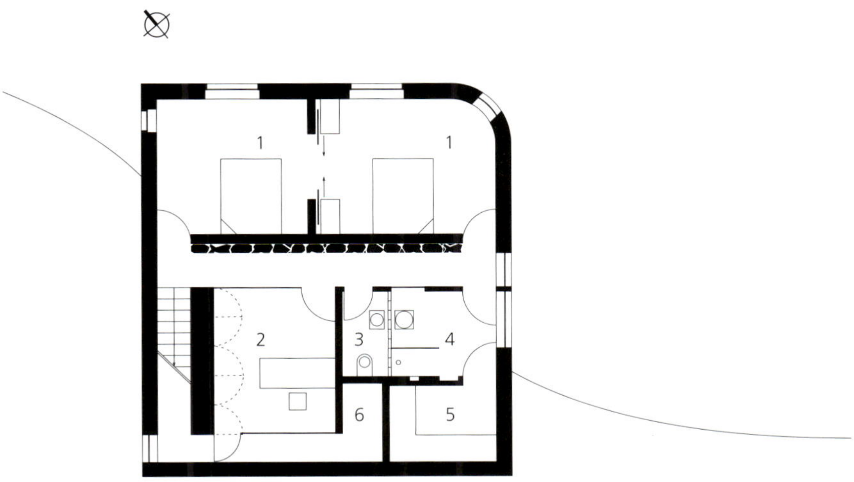

Büroprofil

BUB Architekten
Wachtküppelstraße 24
D-36163 Poppenhausen
Liebigstraße 33
D-64293 Darmstadt
www.bub-architekten.de

Studienort:
Alexandra Bub/Marion Bub:
TU Darmstadt/FH Darmstadt

Gemeinsames Büro:
seit 2003, Zusammenarbeit seit 2002

Arbeitsschwerpunkte:
Exklusive Privathäuser, Wohnungsbau, Sakralbau, Möbeldesign

Arbeits- und Entwurfsphilosophie:
– Atmosphärischer Umgang mit Raum, Material und Licht
– Moderne Architektur, die sensibel auf den Ort Bezug nimmt
– Individuelle Lösungen, abgestimmt auf das Bauherrenprofil

Gebäudedaten

Grundstücksgröße: 1389 m^2
Wohnfläche: 106 m^2
Terrasse: 52 m^2
Zusätzliche Nutzfläche: 6,5 m^2
Anzahl der Bewohner: 1–6
Baukosten: keine Angaben
Baujahr: 2002

ANERKENNUNG

>>> ARCHITEKTEN: TRAUT ARCHITEKTEN, BAD CAMBERG

Quadratisch, praktisch, schön

EINFAMILIENHAUS IN BAD CAMBERG

Lageplan

Auf einem kleinen Grundstück in Bad Camberg im Taunus, umgeben von typischen Ein- und Zweifamilienhäusern aus der Nachkriegszeit, bauten sich Christine Pietsch und Michael Traut ihr eigenes Domizil. Die Architektur in der Nachbarschaft bot keinerlei gestalterische Anknüpfungspunkte, sodass die beiden Planer ganz bewusst auf Kontraste setzten: mit einem kompakten Würfel, der durch seine Geradlinigkeit, aber auch durch die Materialwahl und die ungewöhnliche Farbe auffällt. Für die Außenhaut des Massivbaus aus zweischaligem Mauerwerk verwendeten sie schwarzen Wittmunder Klinker. Da der Stein eine raue und unregelmäßige Oberfläche hat, wirken die Wände nicht nur lebhafter – je nach Lichteinfall entstehen auch unterschiedliche Farbnuancen. Aus der dunklen Fassade hebt sich die Eingangstür an der Straßenseite mit ihrem kräftigen Rubinrot deutlich ab.

Weil der Bebauungsplan eine eingeschossige Bauweise vorschrieb, nutzten die Architekten den leichten Sprung im Gelände, um einen Teil der Wohnfläche im Souterrain unterzubringen. Man betritt das Haus in der oberen Ebene, die als große offene Wohnhalle konzipiert ist und sich mit einer breiten Fensterfront zum Garten hin öffnet. Lediglich eine mitten im Raum stehende Wandscheibe trennt Küche und Eingangszone optisch vom Wohnbereich. Von hier führt eine Treppe hinab in das Hanggeschoss, in dem sich die Schlafzimmer der dreiköpfigen Familie befinden. Durch das großzügig bemessene Treppenauge fällt natürliches Licht in den innen liegenden Flur. Schmale deckenhohe Glasschlitze in den Türelementen sorgen für zusätzliche Helligkeit.

Einfache Materialien, zurückhaltende Detaillierung und wenige Farben bestimmen die Innenräume. Weiß getünchte Wände und helles Eschenholz, das durchgängig als Bodenbelag, aber auch für Treppe und Türen zum Einsatz kam, lassen das kleine Haus großzügiger erscheinen. Einbauschränke an den Flurenden in der Schlafebene bieten viel Stauraum, sodass in den Zimmern auf große Kleiderschränke verzichtet werden konnte.

Die Reduzierung auf das Wesentliche hatte für die Architekten auch noch einen angenehmen Nebeneffekt: Sie konnten ihren Traum von eigenen Heim äußerst kostengünstig verwirklichen.

▮ *Auch bei der Gestaltung der Gartens kamen kubische Elemente zum Einsatz: Gabionen – Drahtgeflechtkörbe, die mit Basaltsteinen gefüllt sind – fangen das Gefälle im Gelände auf. Sie wachsen mit der Zeit allmählich zu und werden zu grünen Würfeln.*

▮ *Die Fassade aus Wittmunder Klinker hat eine raue, unregelmäßige Oberfläche, die je nach Lichteinfall in unterschiedlichen Farbnuancen erscheint. Nicht zu übersehen: die Eingangstür in kräftigem Rubinrot.*

▮ *Mittelpunkt des Hauses ist der helle, offene Wohnraum in der Eingangsebene, der über eine breite Glasfront an der Nordwestseite belichtet wird. Eine Treppe führt zu den Räumen im Untergeschoss.*

▮ *Küche und Wohnraum sind nur durch eine Wandscheibe voneinander getrennt und gehen fließend in den Eingangsbereich über.*

▮ *Im Hanggeschoss sind die Schlafräume untergebracht. Durch das breite Treppenauge und die Lichtausschnitte neben den Türen wirkt der Flur angenehm hell.*

Erdgeschoss
M 1:200

1 Eingang
2 WC
3 Küche
4 Wohnen, Essen

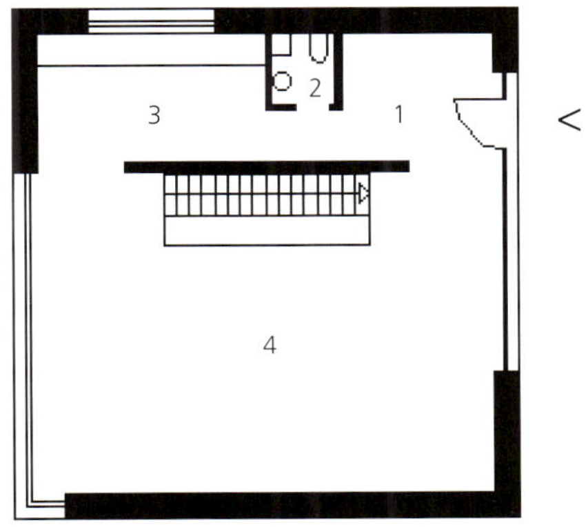

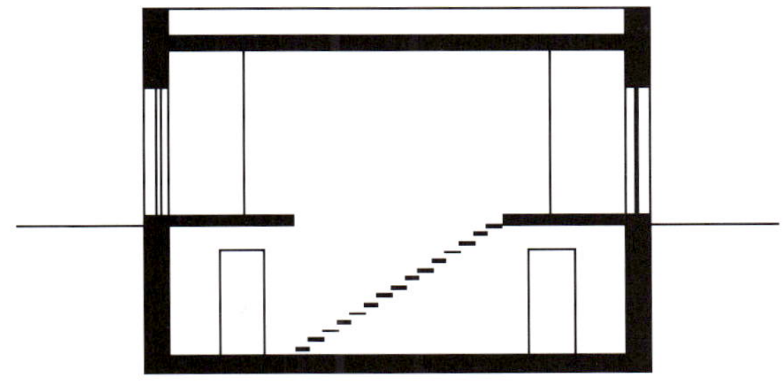

Schnitt
M 1:200

Untergeschoss
M 1:200

1 Bad
2 Heizung
3 Abstellraum
4 Eltern
5 Arbeiten
6 Kind

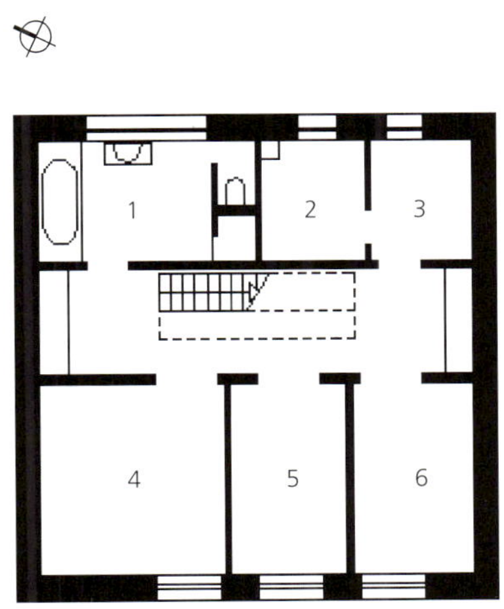

Büroprofil

Traut Architekten
Feldbergstraße 15
D-65520 Bad Camberg
www.traut-architekten.de

Studienort:
Michael Traut,
Christine Pietsch:
FH Wiesbaden

Eigenes Büro:
seit 1997, seit 1998
in Büropartnerschaft
mit Christine Pietsch

Anzahl der Mitarbeiter:
3

Arbeitsschwerpunkte:
Wohnungsbau, Sanierung, gewerbliche Objekte

Arbeits- und Entwurfsphilosophie:
Jedes Projekt wird von uns neu gedacht, nach der ihm jeweils eigenen Funktion. Hierin sehen wir eine Haltung zu den Dingen (aber keinen Stil).

Lehrtätigkeit:
Michael Traut ist seit 2002 Lehrbeauftragter an der FH Wiesbaden.

Gebäudedaten

Grundstücksgröße: 500 m²
Wohnfläche: 140 m²
Zusätzliche Nutzfläche: 5 m²
Anzahl der Bewohner: 3
Baukosten je m² Wohn- und Nutzfläche: 986 Euro
Baukosten gesamt: 143 000 Euro
Baujahr: 2001

>>> ARCHITEKTEN: MEIXNER SCHLÜTER WENDT ARCHITEKTEN, FRANKFURT

Futteralkoffer zum Wohnen

WOHNHAUS IN MÜHLTAL-TRAUTHEIM

Lageplan

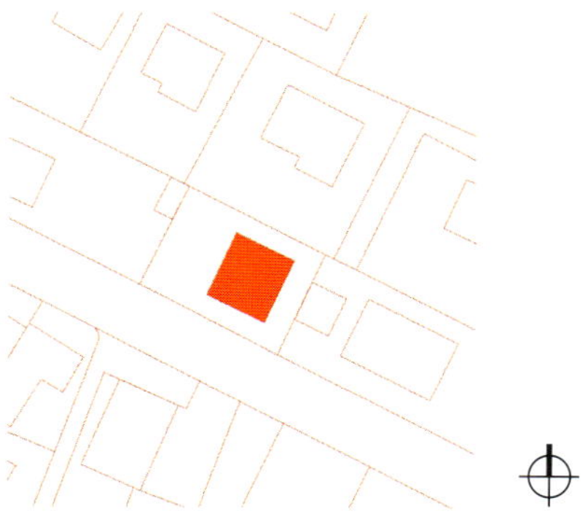

Das Entwurfskonzept dieses kleinen, kompakten Wohnhauses für ein Ehepaar in Mühltal bei Darmstadt weckt Assoziationen an einen Futteralkoffer: Positive und negative Formen, Räume und Zwischenräume fügen sich zu einer baulichen Einheit zusammen. Tatsächlich entwickelten die Architekten ihre Idee aus der Beobachtung von Abgüssen. Das Prinzip von Form und Ergänzungsform wird hier in die Architektur übertragen: Für die Haupträume und -nutzungen werden „Hauptkörper" gebildet und im Baufeld positioniert. Der Zwischenraum ist hingegen mit einer „Ergänzungsmasse" ausgefüllt, in der beispielsweise Funktions- oder Nebenräume untergebracht sind. Diese Zwischenraummasse dient nicht nur dazu, die Hauptkörper mit den Erschließungs- und Nebennutzungen funktional zu verbinden, sondern vervollständigt auch die Gesamtform.

Diese komplizierten räumlichen Verschränkungen bleiben jedoch weiterhin sichtbar und lassen sich bereits an der Fassade ablesen. Die einzelnen Funktionsbereiche sind farblich voneinander abgesetzt: sandfarben die Nebennutzungen, weiß die Hauptnutzungen. Die helleren Flächen treten – ihrer gehobenen Bedeutung entsprechend – zusätzlich durch einen leichten, aber deutlich wahrnehmbaren Versatz plastisch aus der glatten Fläche hervor.

Im Innern des komplexen Gefüges entwickelt sich eine lose Abfolge von großen und kleinen, zum Teil sehr verdichteten Räumen und Nebenräumen. Im Erdgeschoss befindet sich der private Bereich mit einem Wohn- und Essraum, der sich im Westen über eine breite Glasfront zur Terrasse hin öffnet, sowie der Küche und dem Schlafzimmer, das nach Norden hin orientiert ist. Der „öffentlichere" Bereich ist in der oberen Etage untergebracht. Hierzu gehören der Joga-Unterrichtsraum der Bauherrin, ein kleines Arbeits- und ein Gästezimmer. Das Entwurfskonzept der in sich greifenden Formen und Ergänzungsformen wird auch im Innern des Hauses konsequent durch Farben sichtbar und nachvollziehbar gemacht. Sämtliche Wände, Decken und Böden der einzelnen Räume sind entweder in hellem Weiß oder dezenter Sandfarbe gehalten.

Der massive Baukörper in Mischbauweise aus Stahlbeton und Poroton-Mauerwerk ist hoch wärmegedämmt. Auch das günstige Verhältnis von Außenfläche zu Volumen trägt wesentlich dazu bei, den Energieverbrauch zu minimieren.

Haupt- und Nebenräume des kleinen kompakten Baukörpers sind farblich unterschieden und lassen sich bereits von außen deutlich ablesen.

Hauptkörper

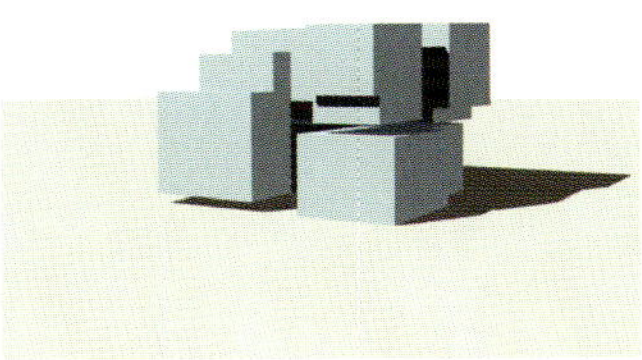

Gesamtform

Zwischenraum/Masse

Die Grafiken verdeutlichen das Entwurfsprinzip: Zwischen den Hauptkörper, der die wichtigsten Wohnfunktionen beinhaltet, schiebt sich der Zwischenkörper mit Funktionsräumen und Erschließungsflächen. Beide Elemente verbinden sich zu einer komplexen Einheit. Die Trennung der einzelnen Funktionen bleibt jedoch weiterhin sichtbar.

▮ *Die helleren Hauptnutzungen treten, ihrer Bedeutung entsprechend, plastisch aus der Fassade hervor.*

▮ *Blick von der Westseite in den Wohn- und Essbereich. Der langgestreckte Raum im Obergeschoss wird durch das umlaufende Fensterband zusätzlich betont.*

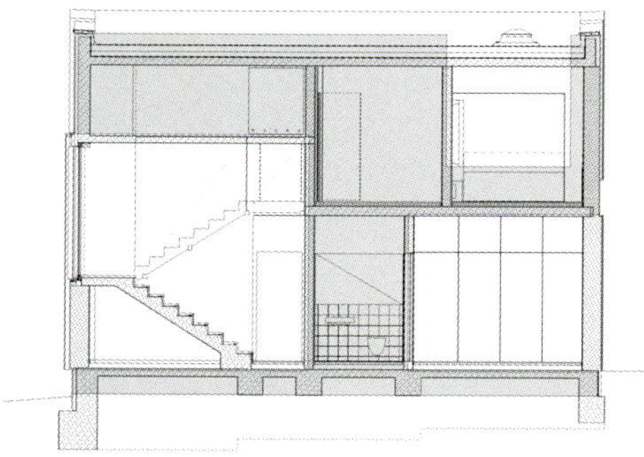

Schnitt
M 1:200

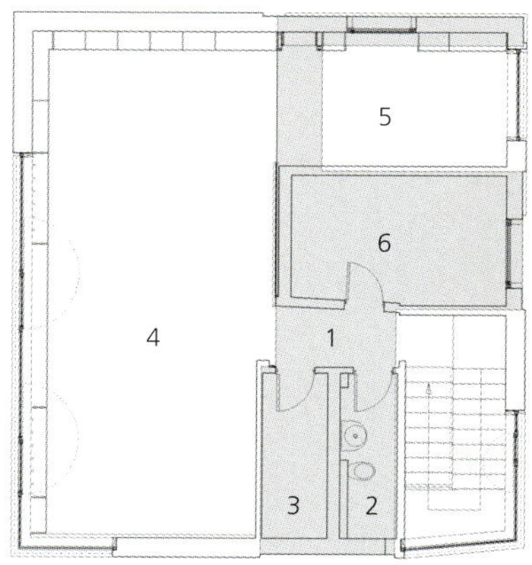

Obergeschoss
M 1:200

1 Flur
2 Dusche
3 Umkleide
4 Joga-Unterrichtsraum
5 Arbeiten
6 Gäste

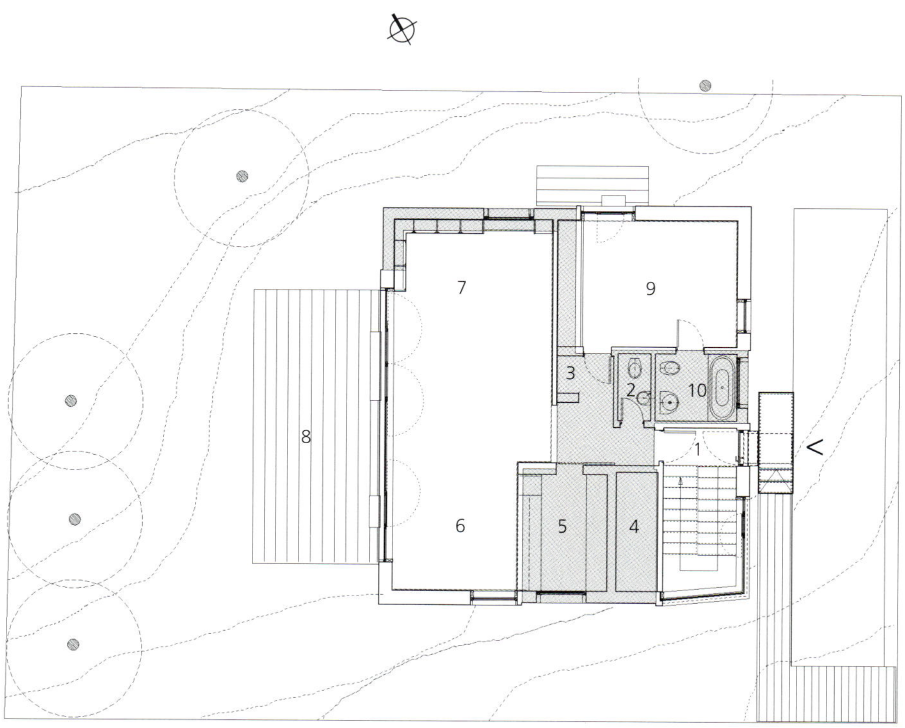

Erdgeschoss
M 1:200

1 Eingang
2 WC
3 Garderobe
4 Abstellraum
5 Küche
6 Essen
7 Wohnen
8 Terrasse
9 Schlafen
10 Bad

▮ *Der Joga-Unterrichtsraum im Obergeschoss. Die Trennung in Haupt- und Nebennutzungen wird auch hier deutlich. Die Wände, Decken und Böden der einzelnen Räume sind entweder weiß oder sandfarben.*

▮ *Blick vom Wohnraum in den Eingangsbereich und die offene Küche.*

Büroprofil

Meixner Schlüter Wendt Architekten
Fischerfeldstraße 13
D-60311 Frankfurt
www.msw-architekten.com
Projektmitarbeit:
A. Lehmann, P. Bruhn,
H. Freising

Studienort:
Claudia Meixner/Florian Schlüter/Martin Wendt:
TH Darmstadt, Uni Florenz/
TH Darmstadt, Uni Florenz/
FH Frankfurt

Gemeinsames Büro:
seit 1997

Anzahl der Mitarbeiter:
8–10

Arbeitsschwerpunkte:
Kirchenbau, Wohnbauten, Gewerbebauten, Bürobauten, Öffentliche Bauten (Kultur, Gastronomie)

Arbeits- und Entwurfsphilosophie:
Ausgangspunkt der Entwürfe ist die Beobachtung und Analyse alltäglicher Dinge und alltäglicher Anordnung von Dingen. Dies können stadträumliche Situationen, möblierte Innenräume, Gegenstände, gefüllte Kisten und anderes sein. Diese selbstverständlich entstandenen räumlichen Situationen haben eine eigene, natürliche Klarheit und Authentizität. Aus diesen Assoziationen werden verschiedene Blicke und Interpretationen von Masse und Raum, Raum und Zwischenraum entwickelt, beziehungsweise transformiert.

Lehrtätigkeit:
Claudia Meixner war wissenschaftliche Mitarbeiterin für Baukonstruktion am Lehrstuhl von Prof. Pfeifer, TU Darmstadt. Florian Schlüter war wissenschaftlicher Mitarbeiter für plastisches Gestalten am Lehrstuhl von Prof. Bodini, TU Darmstadt und hatte außerdem eine Vertretungsprofessur am Lehrstuhl für Raumgestaltung der Universität Siegen.

Gebäudedaten

Grundstücksgröße: ca. 400 m²
Wohnfläche: 143 m²
Zusätzliche Nutzfläche: 27 m²
Anzahl der Bewohner: 2
Baukosten je m² Wohn- und Nutzfläche: ca. 1353 Euro
Baukosten gesamt:
ca. 230 000 Euro
Baujahr: 2000

ANERKENNUNG

>>> ARCHITEKTEN: A2ARCHITEKTEN KORONOWSKI|LAUTNER|ROTH, FREISING

Transparentes Gartenhaus

EINFAMILIENHAUS IN FREISING

Lageplan

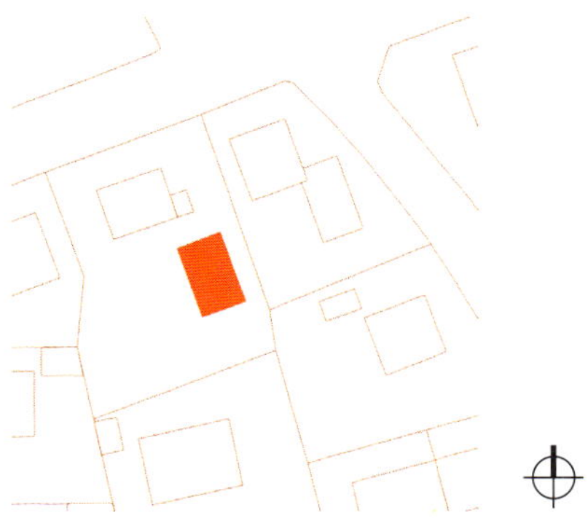

Der große Garten mit einem schönen Obstbaumbestand bot neben dem Haus der Eltern noch ausreichend Platz für ein zweites Gebäude. Daher beschlossen die Bauherren, ihr neues Domizil in unmittelbarer Nachbarschaft zu errichten. Obwohl die beiden Häuser zwei völlig unterschiedliche, eigenständige Baukörper sind, deren Architektur jeweils für ihre Zeit steht – das Elternhaus der Bauherrin stammt aus den 1950er Jahren –, passen sie gut zusammen. Dies liegt nicht zuletzt daran, dass sich der Neubau, der in Holzrahmenbauweise konzipiert wurde, in Form und Materialwahl dezent zurückhält: Mit seinen großen Glasflächen und dem begrünten Dach erinnert er eher an ein transparentes, leichtes Gartenhaus und nicht an ein Wohngebäude für eine fünfköpfige Familie.

Für das neue Haus kam nur eine zweigeschossige Bauweise in Betracht. Nach Vorgesprächen mit der Genehmigungsbehörde mussten die Bauherren auf das geplante Dachzimmer verzichten. Die Architekten nutzten jedoch das leichte Gefälle im Gelände geschickt aus, um auf diese Weise im Hanggeschoss neben Lager- und Technikraum auch noch die Schlafzimmer der Eltern unterzubringen und diese natürlich zu belichten. Um dabei den Eindruck einer „Kelleratmosphäre" zu vermeiden, wurde auch die Decke über dem Untergeschoss in Holzbauweise erstellt.

Der Grundriss ist ganz auf die persönlichen Bedürfnisse der Bewohner zugeschnitten: Kommunikativen Mittelpunkt des Hauses bildet der große Allraum in der Eingangsebene, in dem sich Wohnen, Kochen und Essen vereinen und der die Elternebene im Untergeschoss mit der Kinderebene in der darüber liegenden Etage verbindet. Die Kinderzimmer haben jeweils einen direkten Ausgang auf den durchlaufenden Balkon, so dass sich der Spielraum bei schönem Wetter ganz unkompliziert ins Freie hin erweitern lässt.

Die Holzkonstruktion ermöglichte einen einfachen und schnellen Bauablauf: Nachdem der Kellerrohbau fertig gestellt war, konnten die beiden Wohngeschosse aus einzelnen stockwerkshohen, vorfabrizierten Wandtafeln innerhalb von nur einer Arbeitswoche montiert werden. Auch die Lärchenschalung der Fassade besteht aus großen Elementen und ist ohne sichtbare Schrauben an die Wand befestigt. Die Holzleisten blieben unbehandelt und werden im Lauf der Zeit einen silbrigen Grauton annehmen. Durch seine kompakte Form, die mit Zellulose hoch wärmegedämmten Außenwände und die solaren Wärmezugewinne über die großflächige Verglasung nach Süden und Westen erreicht das Holzhaus Niedrigenergiestandard.

▮ *Leicht und transparent wirkt dieses Holzhaus, das sich auf seiner Westseite mit großen Glasflächen zum Grünen hin öffnet.*

▮ *Links außen: Obwohl sich der kompakte Baukörper in Form und Materialien deutlich vom benachbarten Altbau abhebt, bilden die beiden Häuser ein harmonisches Ensemble, das sich um den gemeinsamen Garten gruppiert.*

▮ *Links: Durch das leichte Gefälle im Gelände erhalten auch die Schlafräume der Eltern im Untergeschoss natürliches Licht. Die großzügige vorgelagerte Terrasse erweitert den Wohnraum ins Freie.*

▮ *Gut ablesbar ist die Holzkonstruktion auch im Innern des Hauses. Vom frei stehenden Küchenblock aus hat man direkten Sichtkontakt nach draußen.*

▮ *Hell und lichtdurchflutet: Der Wohnbereich im Erdgeschoss. Die offene Treppe sorgt für Blicktransparenz. Sie führt zu den Kinderzimmern in der oberen Etage.*

▮ *Der Zugangsbereich im Norden mit Blick in den Windfang und den dahinter liegenden Wohnraum.*

Büroprofil

A2architekten
Koronowski|Lautner|Roth
Oberer Graben 3a
D-85354 Freising
www.A2architekten.de

Studienort:
Manfred Koronowski/Stefan Lautner/Reiner Roth: TU München

Gemeinsames Büro:
seit 1990

Anzahl der Mitarbeiter:
7

Arbeitsschwerpunkte:
Häuser zum Wohnen, Wohnsiedlungen, Stadtplanung, Öffentliche Bauten (Schulen, Kindergärten, Sportbauten, Gemeindezentren), Banken u.a.

Arbeits- und Entwurfsphilosophie:
Einfach gute Architektur

Lehrtätigkeit:
Manfred Koronowski war 2000 Lehrbeauftragter für Hochbaukonstruktion, FH Regensburg. Stefan Lautner war 1993–1996 Assistent am Lehrstuhl für Entwerfen und Gebäudelehre bei Prof. Hermann Schröder, TU München, 1998 Lehrbeauftragter an der Huazhong University in Wuhan, China und ist seit 2002 Lehrbeauftragter für Städtebau, FH Freising-Weihenstephan. Reiner Roth war 1991–1993 Lehrbeauftragter für Städtebau, FH Freising-Weihenstephan.

Gebäudedaten

Grundstücksgröße: 945 m^2 (mit bestehendem Wohnhaus)
Wohnfläche: 136,6 m^2
Zusätzliche Nutzfläche: 68,3 m^2
Anzahl der Bewohner: 5
Baukosten je m^2 Wohn- und Nutzfläche: 1270 Euro
Baukosten gesamt: 260 200 Euro
Fertigstellung: 2000

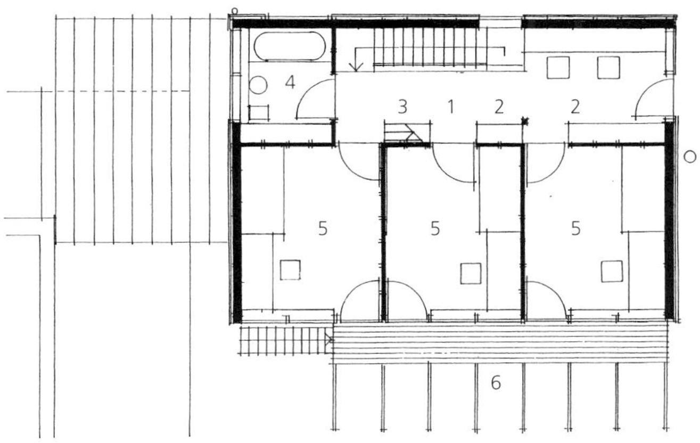

Obergeschoss
M 1:200

1 Diele
2 Schrankzone
3 Treppe zum Dachgarten
4 Bad
5 Kind
6 Balkon

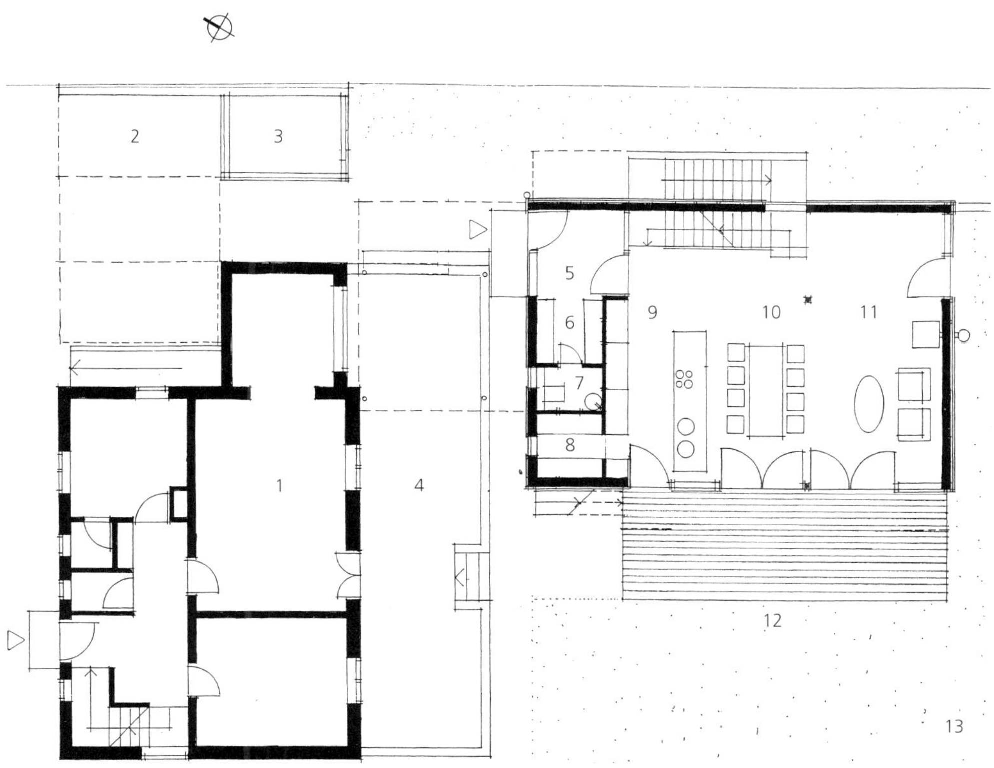

Erdgeschoss
M 1:200

1 Altbau
2 Carport
3 Geräte
4 Terrasse Bestand
5 Diele
6 Garderobe
7 WC
8 Speisekammer
9 Küche
10 Essen
11 Wohnen
12 Terrasse
13 Obstwiese

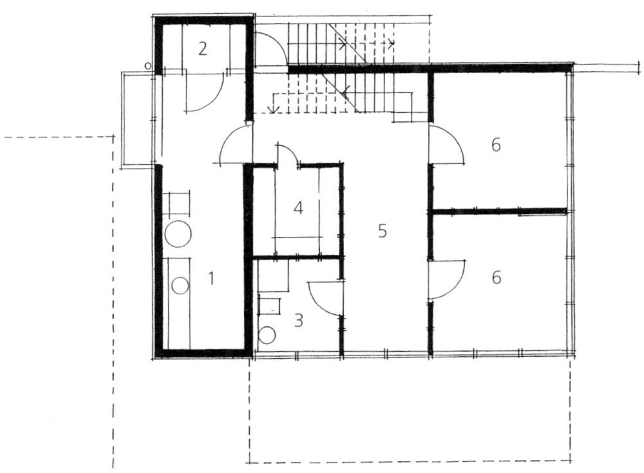

Hanggeschoss
M 1:200

1 Technik
2 Erdkeller
3 Bad
4 Lager
5 Diele
6 Eltern

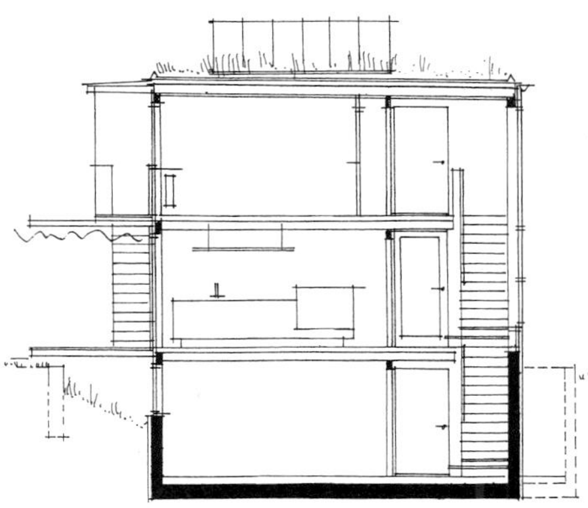

Schnitt
M 1:200

ANERKENNUNG

>>> ARCHITEKTEN: ANDREAS MECK, BRIGITTE PÜLS UND STEPHAN KÖPPEL, MÜNCHEN

Auffallend unauffällig

DOPPELHAUSHÄLFTE IN MÜNCHEN

Lageplan

Auf den ersten Blick scheint sich dieses Wohnhaus unauffällig in seine Umgebung, eine ruhige, vorstädtische Münchner Wohngegend, einzufügen. Der Neubau für eine junge Familie, der als Ergänzung einer bestehenden Doppelhaushälfte aus den 1950er Jahren entstand, nimmt mit seiner Kubatur die Maßstäblichkeit und Charakteristik der vorhandenen Bebauung auf. Das steile, ziegelgedeckte Satteldach, die knappen Dachränder und die Putzfassade erinnern an den traditionellen Baustil Münchner Vororte. Auf den zweiten Blick jedoch bricht das Haus mit diesen Konventionen, denn Details und Proportionen sind irritierend anders. Die verputzte Außenhaut ist ungestrichen, raumhohe Fensterelemente aus Mahagoni sitzen bündig in der glatten Front, während sich aus der Dachfläche kantige Kästen mit Klappflügeln herausheben und die Eingangstür leicht nach innen verspringt. Je nach Blickwinkel erscheint das Haus als glatter, einfacher Kubus oder als plastischer, vielschichtiger Baukörper.

Die Gestaltung der Fassade folgt einem einfachen Rhythmus, subtile Verschiebungen einzelner Elemente sorgen für Spannung – ähnlich wie Synkopen im Jazz. Das Leitmotiv für den Entwurf war schließlich auch den Worten der Jazzmusikerin Carla Bley entnommen, die die Qualität einer gelungenen Komposition mit „... simple, complex and natural" umschreibt.

Die Architekten, darunter auch die Bauherrin selbst, konzipierten das Haus auch in seinem Inneren nach diesem Grundprinzip. Der Grundriss des zweigeschossigen Gebäudes basiert auf einem Quadrat. In der Eingangsebene im Erdgeschoss befindet sich neben dem kleinen Windfang ein großer offener, durchgesteckter Wohnraum, der von Osten und Westen belichtet ist. Eine einläufige Treppe teilt diesen Bereich von der Küche mit Essbereich ab, die nach Nordwesten, zum Eingang hin orientiert ist und sich durch zwei Schiebetüren abtrennen lässt. In der darüber liegenden Ebene befinden sich die Kinderzimmer, unterm Dach liegt der Rückzugsbereich der Eltern mit Schlaf- und Arbeitsraum.

Wenige Farben lassen die Räume großzügig erscheinen. Die Wände sind durchgehend weiß getüncht, das Anthrazitgrau des Linoleumbodens wiederholt sich bei den raumhohen Zimmertüren und Schiebewänden. Zahlreiche Einbauten und Möbel wurden gleich mitgeplant und schaffen zusätzlichen Stauraum, so etwa die Regalbretter, die entlang der kleinen Galerie vor dem Schlafzimmer das Geländer ersetzen. Ganz schlicht und einfach durchdacht.

▮ *Das ziegelgedeckte Satteldach, die knappen Dachränder und die Putzfassade orientieren sich am traditionellen Baustil Münchner Vororte. Trotzdem wirkt das kleine Haus irritierend anders.*

▮ *Der Neubau ergänzt eine bestehende Doppelhaushälfte aus den 1950er Jahren und fügt sich in Maßstäblichkeit und Kubatur ganz selbstverständlich in seine Umgebung ein.*

▮ *Die Gestaltung der Fassade basiert auf einem einfachen Rhythmus: subtile Verschiebungen einzelner Elemente erzeugen Spannung.*

▮ *Der Zugangsbereich an der Nordseite. Wie Intarsien sitzen die mahagonigerahmten Fenster bündig in der glatten Putzfassade.*

▮ *Der Erschließungsgang in der ersten Etage wird durch die raumhohe Fenstertür an der Westseite belichtet.*

▮ *Blick vom Schlafraum im Dachgeschoss in Richtung Bad. Regalbretter ersetzen das Geländer entlang der kleinen Galerie.*

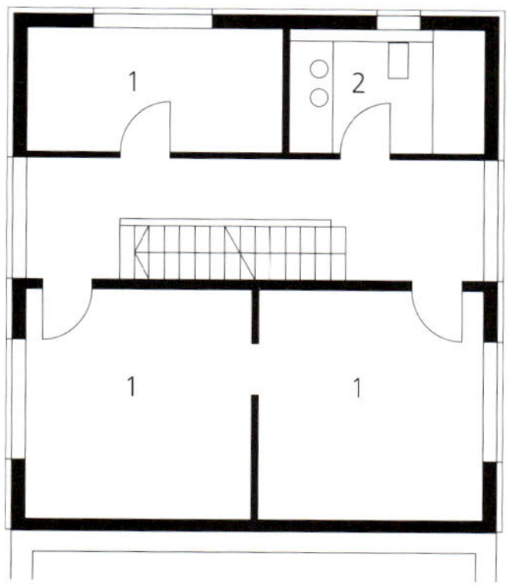

Obergeschoss
M 1:200

1 Kind
2 Bad

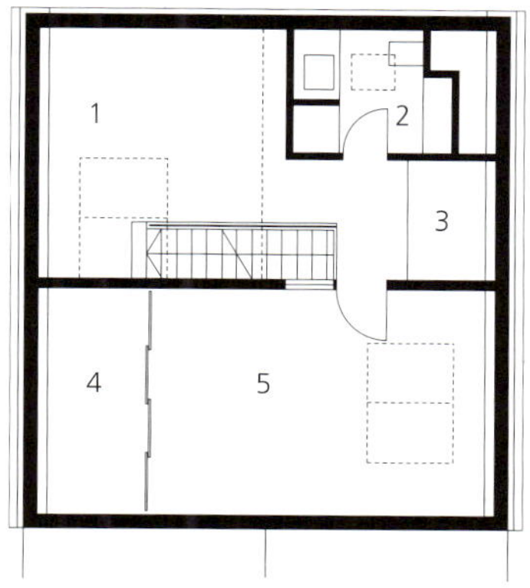

Dachgeschoss
M 1:200

1 Arbeiten
2 Bad
3 Luftraum
4 Ankleide
5 Schlafen

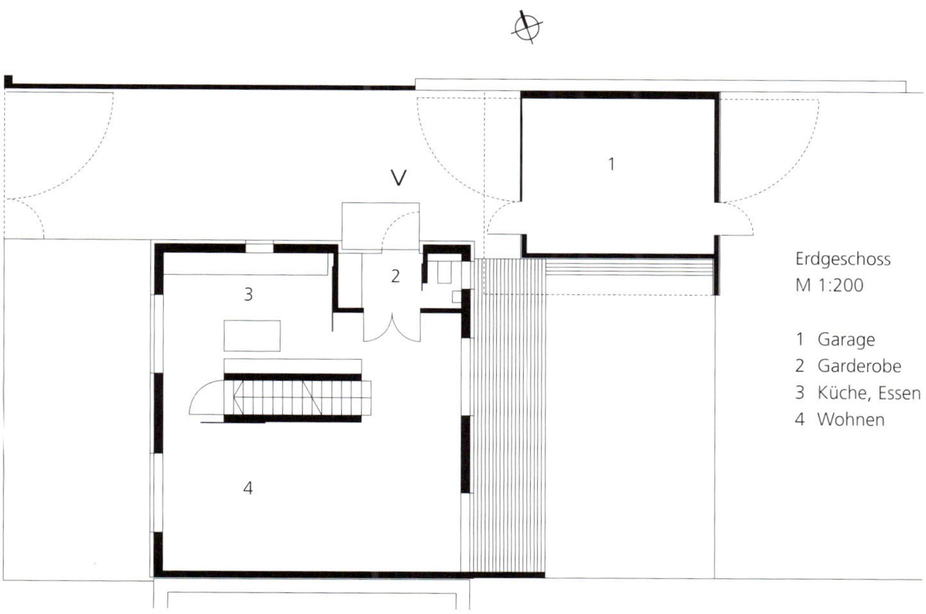

Erdgeschoss
M 1:200

1 Garage
2 Garderobe
3 Küche, Essen
4 Wohnen

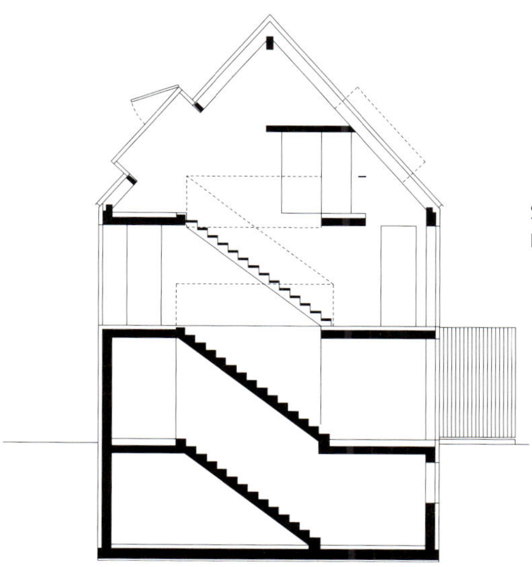

Schnitt
M 1:200

Büroprofil

Meck Architekten
Kellerstraße 39
D-81667 München
www.meck-architekten.de
Projektarchitekten
Entwurf (Phase 1 bis 3):
Andreas Meck, Brigitte Püls
Ausführung (Phase 4 bis 8):
Andreas Meck, Brigitte Püls
und Stephan Köppel
Mitarbeit: Peter Fretschner,
Matthias Rückert
Studienort:
Prof. Dipl.-Ing. Architekt BDA
Andreas Meck:
TU München, Architectural
Association London (Graduate
Diploma)
Eigenes Büro:
seit 1989, von 1998–2000 in
Büropartnerschaft mit Stephan
Köppel, seit 2001 Meck
Architekten
Anzahl der Mitarbeiter: 11
Arbeitsschwerpunkte:
öffentliche Bauten, Wohnungsbau, Städtebau
Lehrtätigkeit:
Andreas Meck ist seit 1998
Professor für Entwerfen und
Baukonstruktion an der
Fachhochschule München.

Gebäudedaten

Grundstücksgröße: 400 m^2
Wohnfläche: 144 m^2
Zusätzliche Nutzfläche:
72,4 m^2
Anzahl der Bewohner: 4
Baukosten je m^2 Wohn- und
Nutzfläche: ca. 1536 Euro
Baukosten gesamt:
ca. 332 300 Euro
Fertigstellung: 2001

ANERKENNUNG

>>> ARCHITEKTEN: SOHO ARCHITEKTUR, AUGSBURG

Holzbox auf Stelzen

EINFAMILIENHAUS IN MEMMINGEN

Lageplan

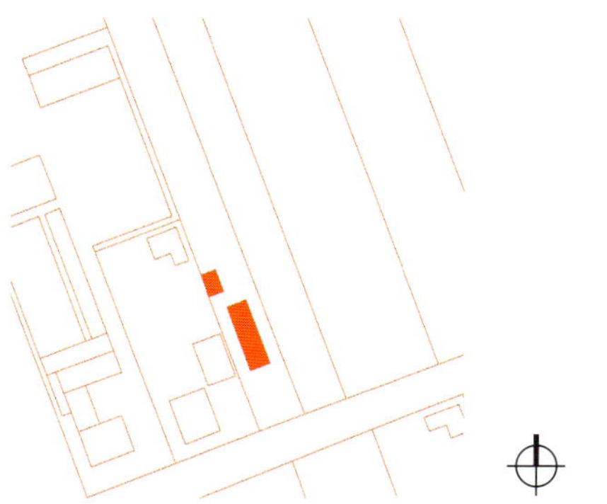

Länger geht es kaum: 230 Meter misst dieses Grundstück am südlichen Ortsrand von Memmingen – bei einer Breite von nur zehneinhalb Metern. Der außergewöhnliche Zuschnitt ist auf das lokale Erbrecht zurückzuführen, auf Grund dessen die Parzellen auf diese recht unkonventionelle Art und Weise aufgeteilt wurden.

Die nähere Umgebung ist geprägt durch Schrebergärten, vereinzelte Gehöfte, Wiesen und Felder. Das Gebäude liegt im so genannten Außenbereich, in dem eigentlich keine Wohnhäuser errichtet werden dürfen. Dass hier dennoch ein Neubau entstehen konnte, lag daran, dass auf dem Grundstück bereits ein verfallenes Gebäude aus den 1930er Jahren stand, das zuletzt als Lager genutzt wurde. Da eine Renovierung nicht mehr sinnvoll erschien, entschloss sich die Bauherrin, an der gleichen Stelle ein neues Haus zu errichten, das rechtlich als „Ersatzbau" galt.

Der schmale, zweigeschossige Baukörper reagiert mit seinem Grundriss und den Öffnungen in der Fassade auf die Umgebung und betont die unterschiedlichen Ausblicke. Wohn- und Schlafräume an den Stirnseiten öffnen sich mit großen Fensterflächen nach außen. Im Süden wird der Blick ins Illertal und auf die Allgäuer Alpen gelenkt. Im Norden rückt der schöne alte Baumbestand auf dem Grundstück ins Zentrum. Der Essplatz im Erdgeschoss orientiert sich ganz nach Osten, zur freien Landschaft mit Wiesen und Feldern. Die übrigen Räume – offene Küche, Gäste-WC und Bad – sind zentral in der Gebäudemitte untergebracht. Über einen Luftraum ist die Schlafebene auch optisch mit dem Wohnbereich verbunden.

Komplett in Holzrahmenbauweise vorgefertigt sind Fußboden-, Außenwand- und Deckenelemente. Auf diese Weise konnte der Bau innerhalb eines Tages wie ein Kartenhaus aufgestellt werden. Er ist 40 Zentimeter über das Erdreich angehoben und punktweise auf Stahlträgern gelagert. Anstelle eines Kellers bietet ein kleiner Schuppen oberirdische Abstellflächen. Die Außenhaut aus Plexiglas-Wellplatten ist nicht nur eine kostengünstige Alternative zu herkömmlichen Fassadenverkleidungen, sondern auch als Anlehnung an die benachbarten Schrebergartenhäuschen zu verstehen – und sorgt für interessante Lichteffekte. Je nach Sonnenstand schimmert das Gebäude in verschiedenen Farbtönen. Der verbleibende, schlauchartige Grünstreifen wurde in einzelne Themengärten unterteilt, die man durchwandern kann. Bis zum Sonnendeck im hintersten Winkel des Grundstücks sind es gut 180 Meter. An diesem Haus ist eben vieles ungewöhnlich.

Der schmale, lang gestreckte Baukörper ist 40 Zentimeter über das Erdreich angehoben und punktweise auf Stahlträgern gelagert.

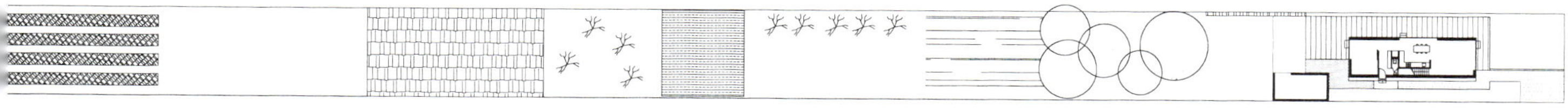

Der klare, einfache Kubus markiert den Übergang in die freie Landschaft und hebt sich deutlich von seinem heterogenen Umfeld aus Schrebergartenhäuschen, Bauernhöfen und gewerblichen Bauten ab.

Blick vom Nachbargrundstück auf den Eingangsbereich an der Westseite.

Die Außenhaut ist mit Plexiglas-Wellplatten verkleidet. Sie sind mit einer reflektierenden Beschichtung überzogen, die im Sommer für einen angenehmen Kühleffekt sorgt.

Große Fensterflächen umrahmen die unverbaubare Aussicht ins Grüne, denn im Osten grenzen Wiesen und Felder an das Grundstück.

Die Galerie im Obergeschoss mit Blick ins Kinderzimmer. Boden, Treppe, Fenster und Türen sind durchgängig in Lärchenholz ausgeführt.

Obergeschoss
M 1:200

1 Galerie
2 Schlafen
3 Bad
4 Luftraum
5 Kind, Schlafen

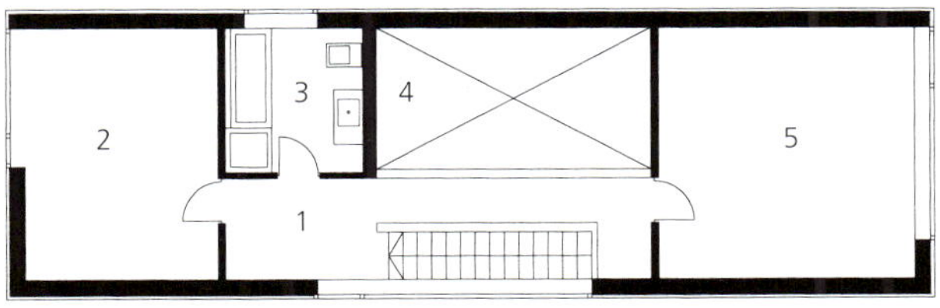

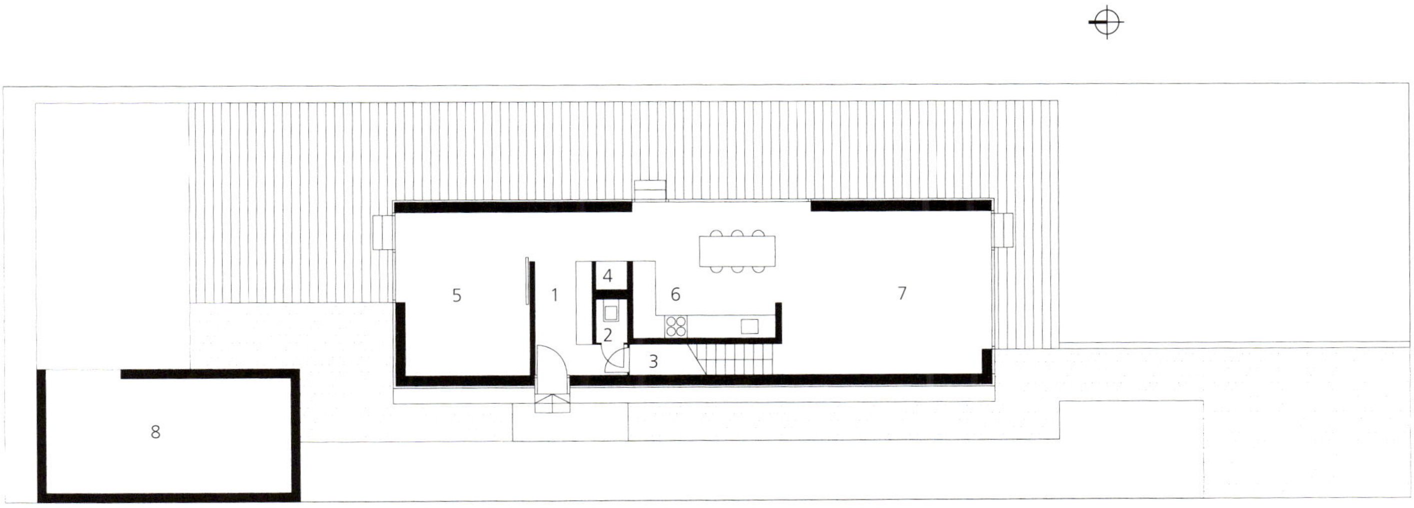

Erdgeschoss
M 1:200

1 Garderobe
2 WC
3 Technik
4 Vorratsraum
5 Büro, Gast
6 Kochen, Essen
7 Wohnen
8 Lagerschuppen

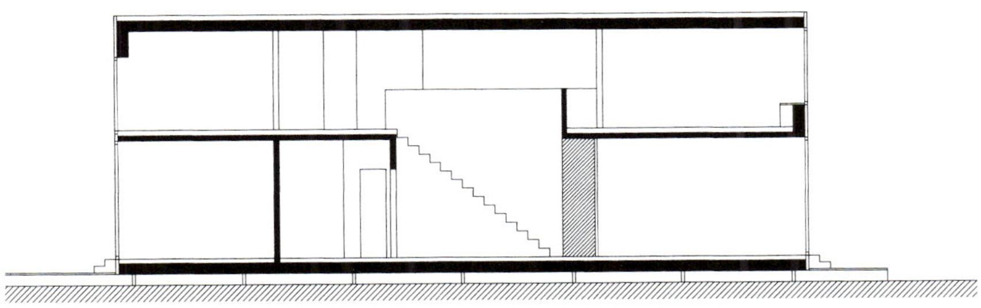

Schnitt
M 1:200

Büroprofil

SoHo Architektur
Rehmstraße 4
D-86161 Augsburg
www.soho-architektur.de
Mitarbeit bei der Tragwerksplanung: Dieter Herz, Weitnau/Allgäu
Studienort:
Alex Nägele/Jörg Schießler: FH Augsburg

Gemeinsames Büro:
seit 2000
Anzahl der Mitarbeiter:
2
Arbeitsschwerpunkte:
Sämtliche Planungsaufgaben aus dem Bereich Architektur und Städtebau.
Arbeits- und Entwurfsphilosophie:
Architektur als Dialog mit der Öffentlichkeit.

Architektur als kontinuierliche Suche, als dauernde Erneuerung und intellektuelle Auseinandersetzung mit dem Thema Bauen.

Gebäudedaten

Grundstücksgröße: 2438 m²
Wohnfläche: 106 m²
Zusätzliche Nutzfläche: 20 m²
Anzahl der Bewohner: 2
Baukosten je m² Wohn- und Nutzfläche: 1095 Euro
Baukosten gesamt: 138 000 Euro
Baujahr: 2002

>>> ARCHITEKTEN: FRIEDL UND PARTNER ARCHITEKTEN, PASSAU

Zimmer mit Aussicht

FERIENHAUS IN WERNSTEIN AM INN

Lageplan

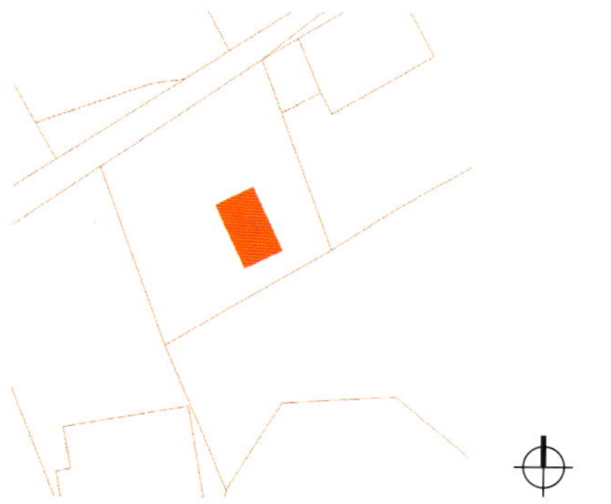

Ein steil geneigter Hang mit altem Baumbestand und unvergleichlich schöner Aussicht auf das Inntal und Schloss Neuburg: Dieses Traumgrundstück für ihr Wochenenddomizil entdeckten Architekt Rafael Friedl und seine Frau bei einer Wanderung in der österreichischen Gemeinde Wernstein am Inn, gute zehn Kilometer von ihrer Stadtwohnung in Passau entfernt.

Das kleine zweigeschossige Sommerhaus, das hier entstand, ist in den steilen Hang geschoben und fügt sich mit seiner reduzierten Formensprache und der dunklen Fassade unauffällig in die umgebende Landschaft und den vorhandenen Baumbestand ein. Die Natur tut ihr Übriges dazu: Die Außenwände wurden mit wildem Wein begrünt und wachsen allmählich zu.

Über einen Freisitz in der Eingangsebene an der Westseite gelangt man direkt in den offenen Wohnbereich, der gerade einmal 40 Quadratmeter misst und damit kaum mehr zu bieten hat als ein klassisches Ein-Zimmer-Appartment. Dass dieses Mini-Haus trotzdem so großzügig wirkt, liegt vor allem an den deckenhohen Glaswänden, die den Raum an der Nord- und Westseite fast nahtlos ins Freie übergehen lassen und den Blick auf das herrliche Panorama lenken. Die Einrichtung beschränkt sich auf das Nötigste. Die wenigen Einbaumöbel wurden gleich mitgeplant, denn schließlich verbringen die Bewohner ihre Zeit ohnehin meist im Freien. Für zusätzliche Stauflächen sorgt ein Kellerraum im Untergeschoss, der vom Garten aus zugänglich ist.

Bauweise, Materialwahl und Farbigkeit unterstreichen das puristische Konzept. Das Haus ist ein konventioneller Massivbau, das Ziegelmauerwerk wurde verputzt und die Wände außen schwarz und innen weiß gestrichen. Die Fensterrahmen sowie sämtliche Holzteile und Einbauten sind durchgängig aus Teakholz, als Bodenbelag kamen einfache, schwarze Steinzeugfliesen zum Einsatz. Eine Elektro-Fußbodenheizung sorgt in den kühleren Jahreszeiten für angenehme Wärme.

In seiner konsequenten Zurückhaltung ist der Bau ein gelungenes Beispiel für äußerst reduziertes und bescheidenes Wohnen bei hoher Detailqualität. Keine Kosten scheuten die Bauherren allerdings, als es darum ging, sich den unverbauten Ausblick ins Tal und den alten Baumbestand in ihrer Umgebung auch langfristig zu erhalten: Sie kauften später kurz entschlossen noch das darunter liegende Grundstück hinzu – eine schöne Aussicht hat eben immer ihren besonderen Preis!

▮ *Wie ein Aussichtspunkt erhebt sich das kleine Ferienhaus über dem steilen Hang. Durch seine zurückhaltende Architektur und die dunkle Fassade fügt es sich unauffällig in die Landschaft ein.*

Vom Freisitz im Eingangsbereich an der Westseite hat man einen herrlichen Blick auf das Inntal.

Der Keller im Hanggeschoss bietet zusätzliche Abstellflächen – nicht nur für Gartengeräte.

Die raumhohen Panoramascheiben lassen den sparsam möblierten Wohn- und Essbereich fast nahtlos ins Freie übergehen. Nichts lenkt hier vom Wesentlichen ab: der atemberaubenden Aussicht in die Natur.

Büroprofil

Friedl und Partner Architekten
Dr.-Hans-Kapfinger-Straße 30
D-94032 Passau
www.architektur-passau.de
Projektarchitekt: Rafael Friedl

Studienort:
FH Regensburg

Büropartnerschaft:
seit 1993

Anzahl der Mitarbeiter:
10

Arbeitsschwerpunkte:
Öffentliche Bauten, Altenheime, Bürogebäude, Einfamilienhäuser, Innenarchitektur

Arbeits- und Entwurfsphilosophie:
„Leise ist besser als laut, einfach ist besser als kompliziert, Naheliegendes ist besser als Gesuchtes."
(Dieter Rams)

Gebäudedaten

Grundstücksgröße: 1800 m^2
Wohnfläche: 40 m^2
Zusätzliche Nutzfläche: 25 m^2
Anzahl der Bewohner: 2
Baukosten je m^2 Wohn- und Nutzfläche: 769 Euro
Baukosten gesamt: 50 000 Euro
Fertigstellung: 2000

▮ *Viel Platz ist auch auf wenig Fläche: Hinter der Schlafnische verbirgt sich das Bad, die Kochzeile ist im Eingangsbereich untergebracht. Einbaumöbel aus Teakholz sorgen für Stauraum.*

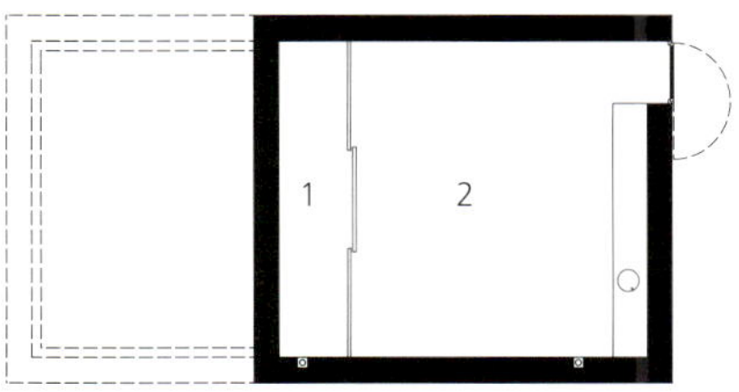

Hanggeschoss
M 1:200

1 Haustechnik
2 Keller, Abstellraum

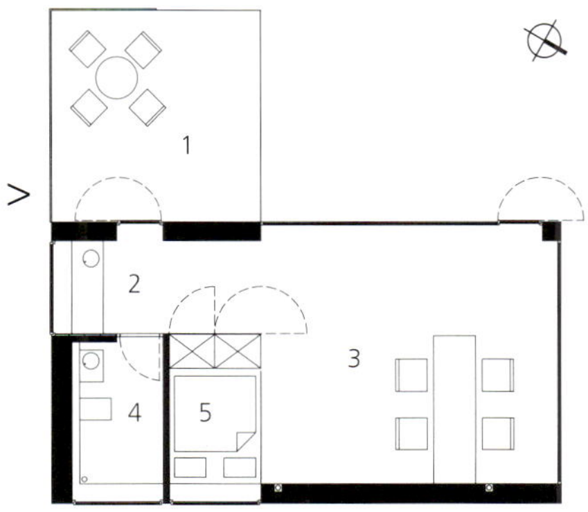

Erdgeschoss
M 1:200

1 Terrasse
2 Kochen
3 Wohnen, Essen
4 Bad
5 Schlafen

Schnitt
M 1:200

ANERKENNUNG

>>> K_M ARCHITEKTUR, BREGENZ UND LINDAU

Lichtblick im Grünen

EINFAMILIENHAUS IN LOCHAU

Lageplan

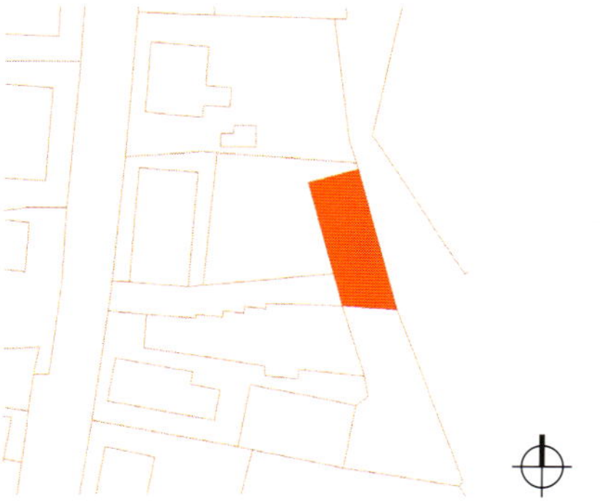

Die Grundmauern einer alten Schmiede, die zuletzt als Garage und Abstellraum genutzt wurde, dienten als Fundament für dieses Zwei-Personen-Haus. In einer geschützten, hinterhofartigen Situation nahe der Dorfstraße von Lochau baute Architekt Daniel Sauter das neue Domizil für ein Ehepaar. Das leicht nach Osten ansteigende Grundstück bot optimale Voraussetzungen: einen traumhaften Blick ins Grüne – auf eine Wiese mit Obstbäumen und einen angrenzenden Waldsaum – und die Aussicht auf den nahe gelegenen Bodensee. Die Schmiede wurde vollständig entkernt, sodass das Wohnhaus ohne aufwändige Gründungen oder Hangabstützungen in den massiven Unterbau eingeschoben werden konnte.

In der Eingangsebene im Erdgeschoss befindet sich neben der Garage ein kleines Einraumbüro, das separat erschlossen wird. Vom mittig liegenden großzügigen Zugangsbereich mit Garderobe gelangt man über eine offene einläufige Treppe direkt in die Wohnebene. Diese Treppe teilt auch den Grundriss in zwei unterschiedliche Funktionsbereiche: Wohnen, Kochen und Essen sind in der einen Gebäudehälfte zu einer räumlichen Einheit zusammengefasst und werden nur durch eine Sichtbetonwand optisch voneinander getrennt. Deckenhohe Glasscheiben stellen den direkten Blickkontakt in die idyllische Landschaft her und lassen das Licht von allen Seiten ins Innere dringen. Im Gegensatz zur transparenten Wohnzone wirkt der private Rückzugsbereich auf der gegenüberliegenden Gebäudeseite eher verschlossen: Die Außenhaut ist mit großflächigen Holzpaneelen verkleidet, die Schlafraum, Gästezimmer und Bad vor Einblicken schützen.

Die raumteilenden Trennwände in der Wohnebene sind weit von der Fassade abgerückt, so dass im Innern des Gebäudes auf drei Seiten ein offener, umlaufender Gang entsteht. Dieses buchstäblich durchgängige Konzept spiegelt sich an der Außenseite wieder: Ein auskragender Betonkranz, der das Haus wie eine Pergola umgibt, verbindet sämtliche Räume miteinander und hebt zudem das Wohngeschoss optisch deutlich hervor.

Das Zwei-Personen-Haus ist ein Sichtbetonmassivbau, Fassadenelemente und Fenster sind aus unbehandeltem Douglasienholz. In den Innenräumen kamen nur wenige Materialien und Farben zum Einsatz. Das Kirschbaumholz des Parkettbodens wiederholt sich beispielsweise auch bei den Einbauten und Möbeln, die nach Entwürfen des Architekten entstanden sind. Diese Details tragen mit dazu bei, dass das kleine Haus viel großzügiger erscheint.

▮ *Glashaus mit Durchblick: Über dem massiven Sockel erhebt sich das transparente Wohngeschoss, das durch den umlaufenden Betonkranz optisch betont wird.*

▮ *Keine Berührungsängste: Der Neubau dockt an das Nachbargebäude an. Fenster und Fassadenelemente aus Douglasienholz bilden einen spannungsvollen Materialkontrast zur Pergola aus Sichtbeton.*

Blick vom offenen Wohnraum in Richtung Küche und Schlaftrakt. Der gemauerte Kamin im Vordergrund ist in die Wandscheibe integriert.

Der Wohnbereich wird auf allen drei Seiten von Licht durchflutet. Raumhohe Glasscheiben und schlanke Stahlstützen, die dicht an die Fassade gerückt sind, sorgen für Transparenz.

Vom Treppenhaus kann man durch eine Öffnung direkt in die Küche blicken. Die Einbaumöbel aus Kirschbaumholz wurden nach Entwürfen des Architekten maßgefertigt.

Eine Wandscheibe aus Sichtbeton dient als Raumteiler zwischen Wohn- und Essbereich. Wenige Materialien lassen die Räume großzügig erscheinen. Als Bodenbelag wurde durchgängig Kirschbaumparkett verlegt.

Büroprofil

k_m architektur
Büro Bregenz (Österreich)
Seglerweg 1
A-6900 Bregenz
Büro Lindau (Deutschland)
Hochbucher Weg 58
D-88131 Lindau
www.k-m-architektur.com

Studienort:
Arch. DI Daniel Sauter: Biberach

Eigenes Büro:
seit 1992

Arbeitsschwerpunkte:
Kostengünstige Wohnhäuser, Wohnanlagen, Büro- und Industriegebäude, Kindergärten, Schulen, Bauen in denkmalgeschützter Substanz

Arbeits- und Entwurfsphilosophie:
Eine der Umwelt und dem Benutzer gegenüber verträgliche Planung mit hohen ethischen Anforderungen. Innovative Lösungen mit großer Aufmerksamkeit der sozialen Verantwortung, der Umwelt und der Schöpfung gegenüber – das heißt Einsatz von erneuerbaren, nachwachsenden und umweltverträglichen Baustoffen.

Gebäudedaten

Grundstücksgröße: 520 m^2
Wohnfläche: 125 m^2
Zusätzliche Nutzfläche und Garage: 68 m^2
Dachterrasse: 27 m^2
Anzahl der Bewohner: 2
Baukosten: keine Angaben
Baujahr: 2003

Obergeschoss
M 1:200

1 Wohnen
2 Essen, Kochen
3 WC
4 Abstellraum
5 Gäste, Büro
6 Ankleide
7 Schlafen
8 Bad

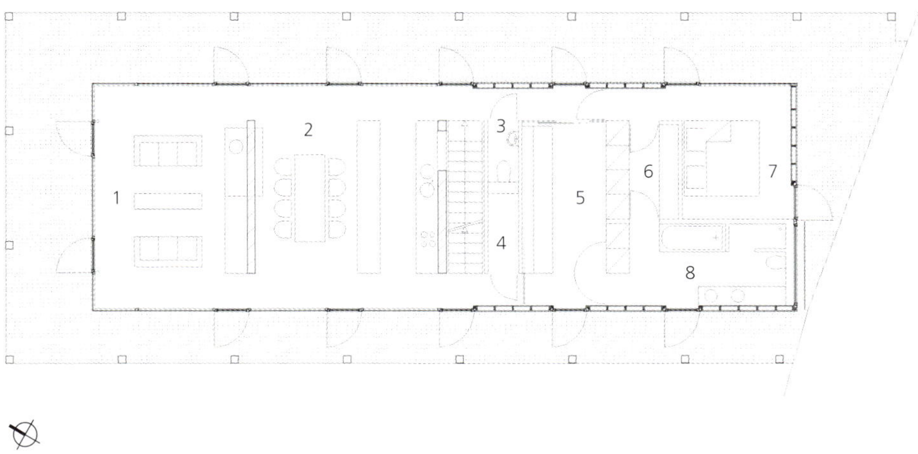

Erdgeschoss
M 1:200

1 Eingang, Garderobe
2 Flur
3 Garage, Werkstatt
4 Büro
5 überdachter Abstellbereich

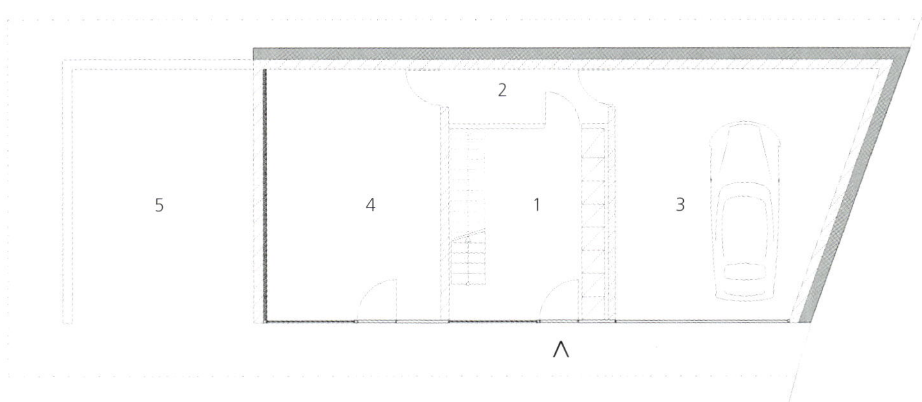

Schnitt
M 1:200

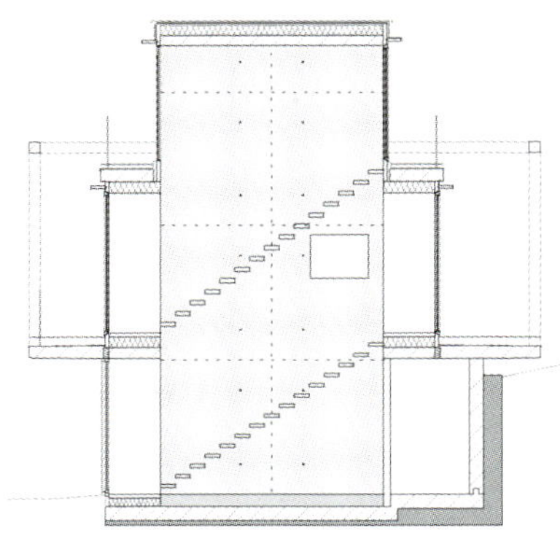

ANERKENNUNG

>>> ARCHITEKTEN: ARCHITEKTURBÜRO FRÜH, HARD

Leben in der Singlebox

EINRAUMHAUS IN HARD

Lageplan

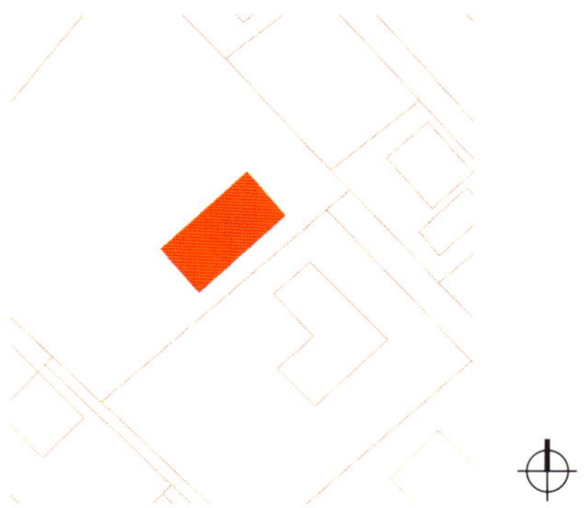

Eine abgehobene Kiste ist dieses Singlehaus in der österreichischen Gemeinde Hard, das über dem großzügigen, stark durchgrünten Grundstück zu schweben scheint. Eine leichte Stahlskelettkonstruktion bildet den äußeren Rahmen des ungewöhnlichen Gebäudes und gibt ihm die nötige Bodenhaftung. Das Wohngeschoss ist als Holzbox in die obere Ebene geschoben. Darunter liegen, in einem zweiten und deutlich kleineren Kubus, Garage und Nebenräume. Bereits von außen wird die Trennung in zwei unterschiedliche Funktionsbereiche durch die Wahl der Materialien deutlich gemacht. Die Fassade des Wohnmoduls, eine Holzrahmenkonstruktion aus vorgefertigten, wärmegedämmten Wandelementen, ist mit waagerechten Leisten aus Weißtanne verschalt. Die Garagenbox erhielt hingegen eine transparente Haut aus satiniertem Glas.

Die Aufständerung des Wohnbereichs hat ihre guten Gründe. Da das Grundstück in der Nähe des Bodensees liegt, besteht bei Hochwasser die Gefahr einer Überschwemmung. Mit seiner pfahlbauartigen Konstruktion wollte Architekt Alexander Früh daher das Gebäude gegen die Unbilden der Natur schützen und zugleich den Eindruck eines Baumhauses entstehen lassen, unter dem das Grün hindurchzufließen scheint.

Die Wohnebene ist nur von außen über eine offene Stahltreppe und einen umlaufenden Steg zu erreichen. Im Innern des Gebäudes sind, den Wünschen der Bauherrin entsprechend, alle Funktionen auf einer einzigen Ebene miteinander verbunden. Wohn-, Koch- und Essbereich, Schlafnische und Bad bilden eine offene, lose Raumfolge auf einer Fläche von knapp 100 Quadratmetern.

Sämtliche Einbauten bis hin zur Schlafstätte aus Ulmenholz und der Küchenzeile mit ihrem ungewöhnlichen Bartresen aus rohem Walzstahl sind nach Entwürfen der Architekten entstanden. Die übrige Möblierung ist auf ein Minimum reduziert, so dass das maßgeschneiderte Einraumhaus umso großzügiger erscheint. Nach Süden hin lässt sich der Wohnbereich zudem über raumhohe Schiebetüren nach außen auf die vorgelagerte Terrasse erweitern. Als Schattenspender dienen maisgelbe Bahnen aus Segeltuch, die zwischen die Stahlrahmen gespannt sind und das Haus mit einer zweiten, farbenfrohen Außenhaut umhüllen.

▮ *Der Eingangsbereich an der Nordwestseite. Die Wohnbox ist als leichte Holzkonstruktion in das aufgeständerte Stahlgerüst eingeschoben. Das Grün scheint unter dem Haus hindurchzufließen.*

▮ *Der Wohnebene ist im Südwesten ein großzügiger Balkon vorgelagert.*

▮ *Der transparente Kubus dient als Garage und Abstellraum. Das satinierte Glas bildet einen interessanten Materialkontrast zur Holzschalung der Wohnbox aus Weißtanne.*

Büroprofil

ARCHITEKTURbüro Früh
Lochbachstraße 6
A-6971 Hard
www.frueh.at
Projektmitarbeit:
Alexander Fetz
Studienort:
Alexander Früh:
TU Innsbruck
Eigenes Büro:
seit 2000
Anzahl der Mitarbeiter:
8

Arbeitsschwerpunkte:
Industriebau, Büro- und Gewerbebau, Wohnungsbau, Einfamilienhäuser, Umbauten, Prototypen

Arbeits- und Entwurfsphilosophie:
Raum bewusst sein. Wie kaum ein anderes menschliches Konstrukt machen Gebäude den dreidimensionalen Raum um uns bewusst und erlebbar. Von dieser fundamentalen Einsicht ausgehend, sind wir bestrebt, bei den Bewohnern und Nutzern unserer Bauwerke ein starkes Raumbewusstsein zu erzeugen, das Orientierung erleichtert und Einordnung in größere Strukturen ermöglicht. Wir nehmen Maß an Ansprüchen, funktionellen und finanziellen Bedingungen, heimlichen und unheimlichen Wünschen, hinterfragen vor der Planung jegliche Berechtigung bis ins kleinste Detail und ziehen dieses Kind mit bestem Wissen und Gewissen groß.

Gebäudedaten

Grundstücksgröße: 2405 m^2
Wohnfläche: 98 m^2
Zusätzliche Nutzfläche und Garage: 42 m^2
Anzahl der Bewohner: 1–2
Baukosten je m^2 Wohn- und Nutzfläche: 1500 Euro
Baukosten gesamt: 210 000 Euro
Fertigstellung: 2001

Blick in den Wohnbereich. Die obere Ebene ist als Einraum konzipiert. Im Vordergrund die Küche mit einem Bartresen aus rohem Walzstahl.

▮ *Die offene Veranda auf der Eingangsseite. Maisgelbe Sonnensegel dienen als Schattenspender.*

▮ *Blick in die Eingangszone und den Schlafbereich auf der anderen Gebäudeseite. Sämtliche Einbauten sowie die Möbel aus Ulmenholz sind maßgefertigt.*

Obergeschoss
M 1:200

1 Bad
2 Technik
3 WC
4 Kochen
5 Schlafen
6 Wohnen

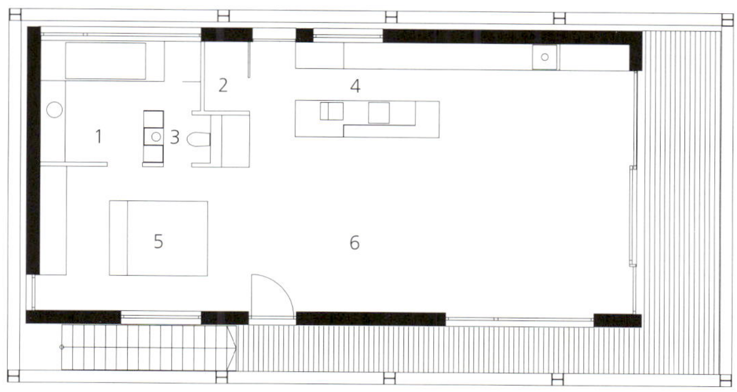

Erdgeschoss
M 1:200

1 Garage
2 Heizung, Abstellraum, Waschküche

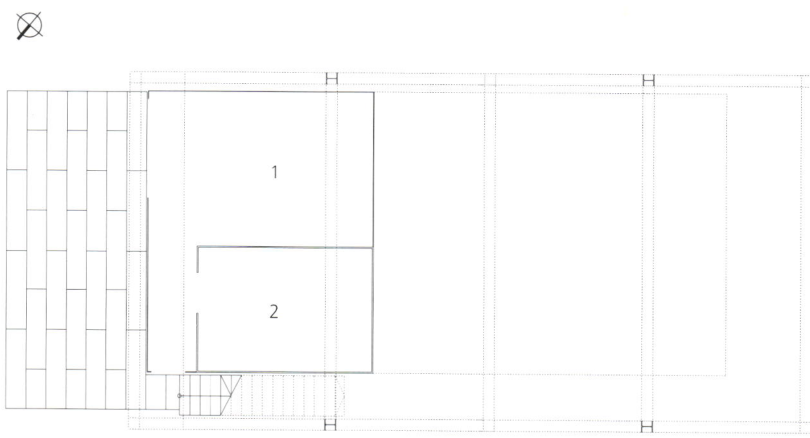

Schnitt
M 1:200

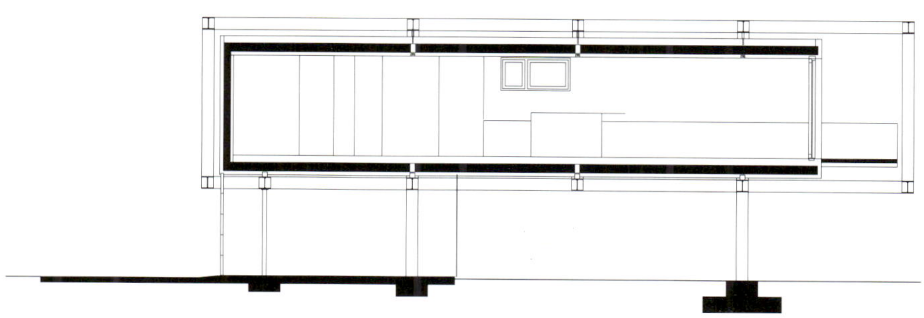

ANERKENNUNG

>>> ARCHITEKTEN: ARCHITEKTURBÜRO FRÜH, HARD

Möbelstück auf grüner Wiese

EINFAMILIENHAUS IN GAISSAU

Lageplan

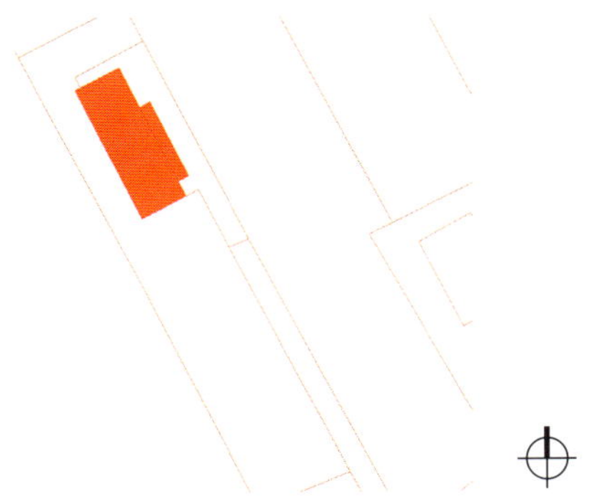

Ein unkonventionelles Haus, das zudem ausreichend Platz für eine kleine Einliegerwohnung bieten sollte, war der Wunsch der Bauherrin, einer jungen Designerin, deren Eltern häufig das Wochenende am nahegelegenen Bodensee verbringen. Da das Grundstück inmitten einer großen Streuobstwiese liegt, sollte der Neubau zwar einerseits einen möglichst „natürlichen" Charakter haben, andererseits aber als markantes Gebäude in Erscheinung treten. Architekt Alexander Früh konzipierte daher einen Baukörper, der sich mit seinen klaren Formen und Konturen wie ein großes Möbelstück auf einer weiten grünen Wiese präsentiert.

Für das kubische, zweigeschossige Gebäude wählte er eine Kombination aus verschiedenen Materialien. Der massive Sockelbau im Erdgeschoss ist aus Sichtbeton gegossen, darüber befindet sich, leicht zur Seite versetzt, der eigentliche Wohntrakt. Die Trennung in zwei unterschiedliche Bereiche, Elternappartement und Wohnung der Bauherrin, wird durch diesen Versprung auch nach außen hin deutlich gemacht. Das Obergeschoss ist eine leichte Holzständerkonstruktion aus vorgefertigten, wärmegedämmten Wandelementen. Die Fassade ließ der Architekt mit dunklem, unbehandeltem Bangkirai-Holz verkleiden. Es ist ein sehr schweres, langlebiges Holz, das sich gut für den Außenbereich eignet.

Trotz dieser unterschiedlichen Baustoffe ähneln sich die Oberflächen der beiden Gebäudeteile. Bei dem massiven Unterbau kam eine waagerechte Bretterschalung zum Einsatz, sodass sich auch auf dem Beton eine leichte Holzstruktur abzeichnet und auf diese Weise eine optische Verbindung zum darüberliegenden Wohnbereich hergestellt wird.

In der Eingangsebene des Erdgeschosses ist das Domizil der Wochenendgäste untergebracht. Es orientiert sich nach Südwesten und hat direkte Ausgänge ins Freie. Die obere Etage ist als Einraumwohnung konzipiert. Lediglich eine Wandscheibe, die entlang der Treppe verläuft, trennt den privaten Rückzugsbereich mit Schlafraum und Bad optisch ab. Küche, Ess- und Wohnbereich in der anderen Gebäudehälfte gehen ineinander über und öffnen sich nach Südosten mit einer raumhohen Fensterfront auf den großzügigen Balkon mit Blick ins Grüne. Der Parkettboden ist aus Akazienholz, die Inneneinrichtung des bewohnbaren Möbels wurde aus Tischleranfertigungen und antiken Sammelstücken der Bauherrin kombiniert – ganz individuell und unkonventionell.

▮ *Gegensätze ziehen sich an: Auf dem massiven, schweren Sockel aus Sichtbeton thront die Wohnebene als leichte Holzkonstruktion.*

▮ *Blick auf den Eingangsbereich im Süden. Die waagerechte Struktur der Schalung ist auch im Beton ablesbar und verbindet die unterschiedlichen Materialien optisch miteinander.*

Obergeschoss
M 1:200

1 Bad
2 WC
3 Kochen
4 Schlafen
5 Essen
6 Wohnen

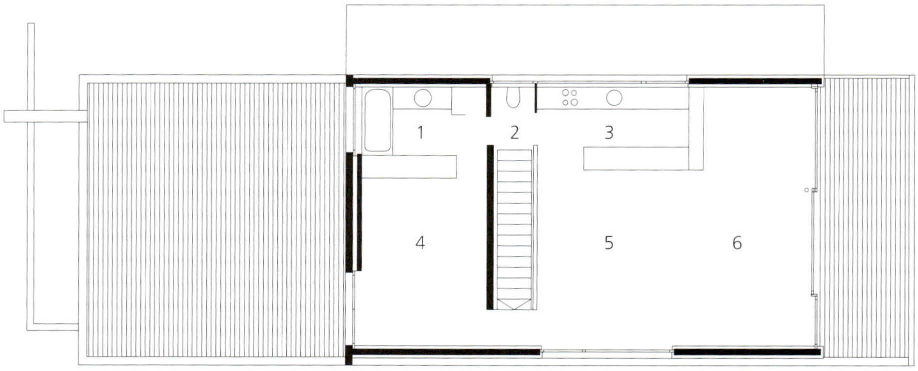

Erdgeschoss
M 1:200

1 Unterstellplatz
2 Garage
3 Waschküche
4 Bad
5 Garderobe
6 Heizung, Technik
7 Abstellraum
8 Zimmer

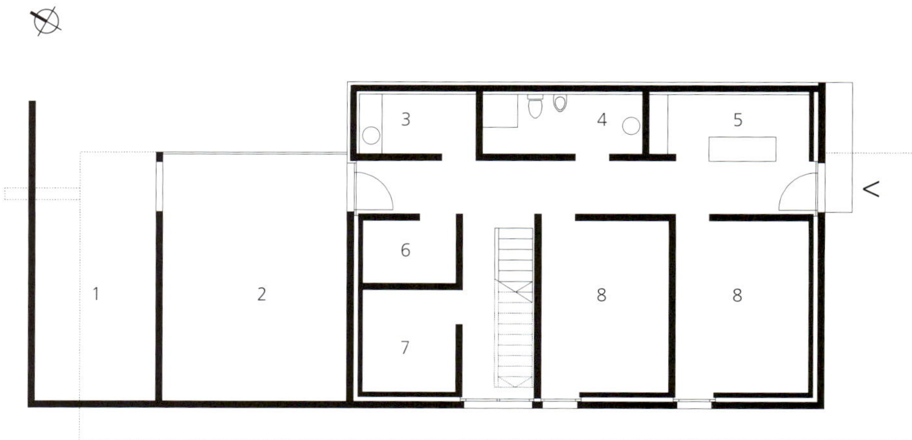

Die Ostfassade mit dem in das Gebäude integrierten Unterstellplatz für das Auto.

▮ *Der Wohnraum im Obergeschoss orientiert sich nach Süden und lässt sich über breite Schiebetüren nach außen auf den vorgelagerten Balkon erweitern.*

▮ *Es geht auch ohne Fliesen. Das Bad in der Einliegerwohnung hat gespachtelte Wände und einen Bodenbelag aus Natur-Kautschuk.*

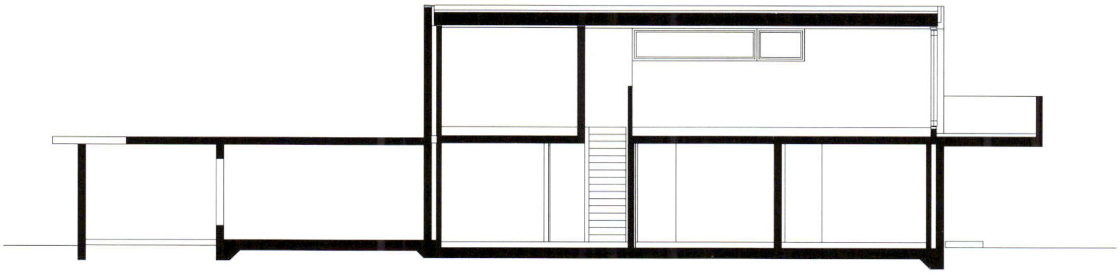

Schnitt
M 1:200

Büroprofil

ARCHITEKTURbüro Früh
Lochbachstraße 6
A-6971 Hard
www.frueh.at
Projektmitarbeit:
Alexander Fetz
Studienort:
Alexander Früh: TU Innsbruck
Eigenes Büro:
seit 2000
Anzahl der Mitarbeiter:
8

Arbeitsschwerpunkte:
Industriebau, Büro- und Gewerbebau, Wohnungsbau, Einfamilienhäuser, Umbauten, Prototypen
Arbeits- und Entwurfsphilosophie:
Raum bewusst sein. Wie kaum ein anderes menschliches Konstrukt machen Gebäude den dreidimensionalen Raum um uns bewusst und erlebbar. Von dieser fundamentalen Einsicht ausgehend, sind wir bestrebt, bei den Bewohnern und Nutzern unserer Bauwerke ein starkes Raumbewusstsein zu erzeugen, das Orientierung erleichtert und Einordnung in größere Strukturen ermöglicht. Wir nehmen Maß an Ansprüchen, funktionellen und finanziellen Bedingungen, heimlichen und unheimlichen Wünschen, hinterfragen vor der Planung jegliche Berechtigung bis ins kleinste Detail und ziehen dieses Kind mit bestem Wissen und Gewissen groß.

Gebäudedaten

Grundstücksgröße: 1468 m^2
Wohnfläche: 144 m^2
Zusätzliche Nutzfläche: 53 m^2
Anzahl der Bewohner: 2
Baukosten je m^2 Wohn- und Nutzfläche: ca. 1320 Euro
Baukosten gesamt: ca. 260 000 Euro
Fertigstellung: 2002

ANERKENNUNG
>>> ARCHITEKTEN: MARTE.MARTE ARCHITEKTEN, WEILER

Allein auf weiter Flur

FERIENHAUS IN FURX/ZWISCHENWASSER

Lageplan

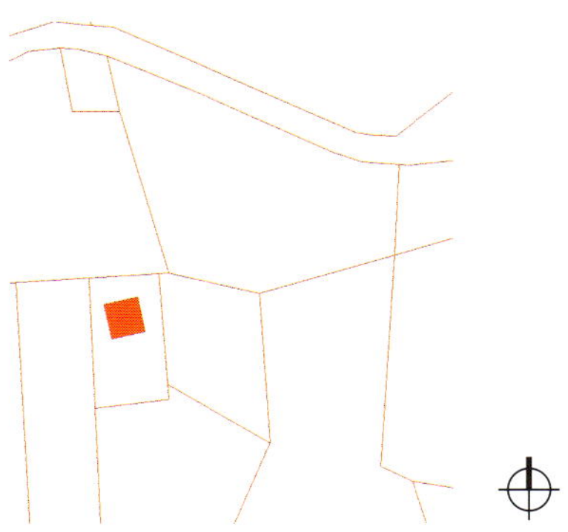

Freie Sicht so weit das Auge reicht. Ganz oben auf einer sanften Kuppe, leicht an eine Waldkante gerückt, thront dieses kleine Ferienhaus inmitten des Vorarlberger Ski- und Wandergebiets Furx. Nicht zuletzt das faszinierende Panorama bewog die Bauherren dazu, sich diese exponierte Stelle für ihr neues Domizil auszuwählen und ein dort bestehendes Ferienhaus von den Architekten Bernhard und Stefan Marte grundlegend umbauen zu lassen.

Der kompakte, satteldachgedeckte Baukörper besteht aus vorgefertigten Holzelementen, die auf einen Betonsockel gesetzt wurden. Die Fassade ist vollständig mit Lärchenholz verschalt und stellt auf diese Weise einen Bezug zur umgebenden Natur her. Unterschiedliche Fensteröffnungen auf allen vier Seiten geben den Blick in die Landschaft frei und lassen jeweils vier verschiedene Ausblicke zu. Die Öffnungen sind wie Objektive konzipiert, die die Architekten mit verschiedenen „Verschlussmechanismen" versehen haben: Fensterflügel, Stoffrollos und raumhohe Schiebeelemente erlauben den Bewohnern eine differenzierte Steuerung. So kann das Haus je nach Bedarf weit geöffnet oder vollständig verschlossen werden. Die unterschiedlich tiefen und leicht angeschrägten Laibungen der Fenster, die in den Kubus eingeschnitten sind, lassen seine ansonsten glatte Oberfläche plastisch erscheinen.

In der Eingangsebene im Erdgeschoss befinden sich vier Räume, die sich offen um den betonierten Erschließungskern mit Treppe und Kamin gruppieren. Es sind das die Bibliothek, der Wohn- und Essbereich, sowie die Küche mit einem kleinen Frühstücksplatz im Süden, der sich durch eine Schiebetür nach draußen, auf den breiten Betonsockel erweitern lässt. Im Obergeschoss teilen gut zwei Meter hohe Wandelemente, die zur Decke hin mit Glas abschließen, den Dachraum in drei kleine Zimmer, zwei Schrankräume und ein Bad.

Die durchgehenden Lichtbänder auf der Ost- und Westseite sind weit eingerückt, so dass sich unter den breiten Fensterbänken zusätzliche Stauräume ergeben. Durch ein Glasband, das entlang der Firstkante verläuft, fällt zusätzliches Licht ins Innere. Die Wände der Wohn- und Schlafräume wurden, entsprechend dem Material der Außenhaut, mit matt geöltem Lärchenholzfurnier verkleidet. Die Reduktion auf wenige Baustoffe – Holz, Beton, Glas – und die präzise Durcharbeitung der Details verleihen dem Haus seine Großzügigkeit und innere Ruhe.

▮ *An der Westseite springt die Fensterfront im Erdgeschoss weit zurück. Auf dem Betonsockel vor dem Wohnraum entsteht eine geschützte Loggia.*

▮ *Das kleine Ferienhaus wurde hoch oben auf einer Kuppe, inmitten des Vorarlberger Ski- und Wandergebiets Furx errichtet. Dort hat man einen traumhaften Blick auf das faszinierende Bergpanorama.*

▮ *Blick von Südwesten auf den Eingangsbereich. Die tief einspringenden Fensterlaibungen sind ein wiederkehrendes Motiv und verleihen dem kompakten Baukörper seine Plastizität.*

▮ *Der offene Wohn- und Essbereich. Wände und Decken sind durchgängig mit matt geöltem Lärchenholzfurnier verkleidet und lassen den Raum wie aus einem Guss erscheinen.*

▮ *Der Schlafraum im Obergeschoss wird durch ein Glasband entlang der Firstkante auch von oben belichtet. Hinter dem Betonkern verbirgt sich der Kamin.*

▮ *Kochzeile, offener Kamin und Treppe sind kompakt in einem Erschließungskern in der Gebäudemitte zusammengefasst.*

Erdgeschoss
M 1:200

1 Essen
2 Wohnen
3 Bibliothek
4 WC
5 Kochen

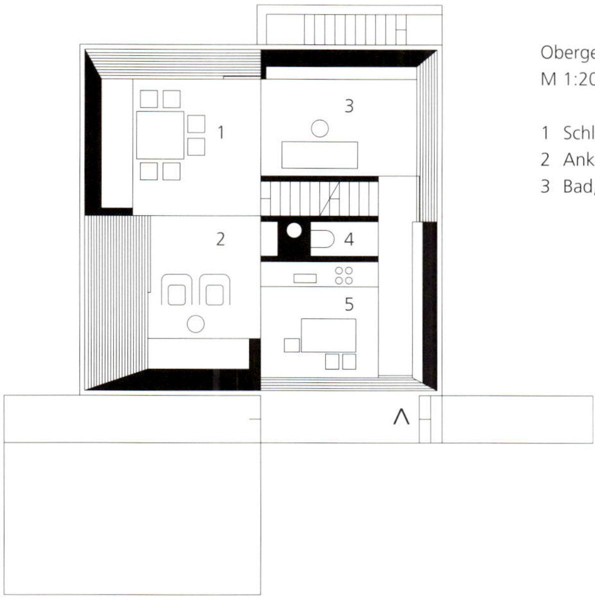

Obergeschoss
M 1:200

1 Schlafen
2 Ankleiden
3 Bad, WC

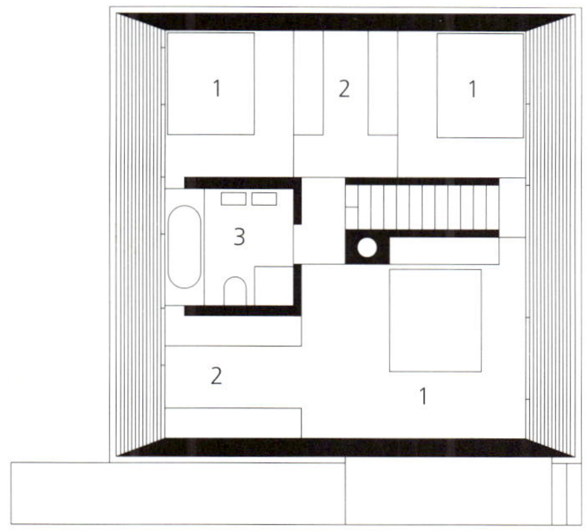

Schnitt
M 1:200

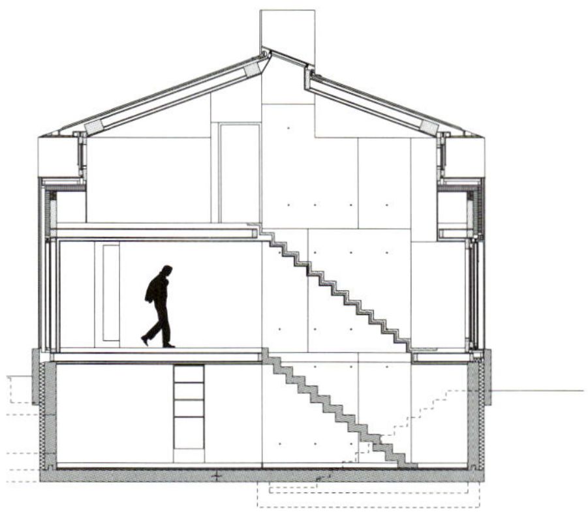

Büroprofil

Marte.Marte Architekten
Totengasse 18
A-6833 Weiler
www.marte-marte.com
Projektmitarbeit:
Robert Zimmermann, René Bechter, Davide Paruta, Alexandra Fink, Stefan Baur

Studienort:
Bernhard und Stefan Marte: Leopold Franzens Universität Innsbruck

Gemeinsames Büro:
seit 1993

Anzahl der Mitarbeiter:
5

Arbeitsschwerpunkte:
Kein Schwerpunkt

Arbeits- und Entwurfs-philosophie:
„Das Einfache ist nicht immer das Beste, aber das Beste ist immer einfach."
(Heinrich Tessenow)

Gebäudedaten

Grundstücksgröße: 608 m²
Wohn- und Nutzfläche: 105 m²
Anzahl der Bewohner: 2–6
Baukosten: keine Angaben
Fertigstellung: 2001

ANERKENNUNG

>>> ARCHITEKTEN: MARTE.MARTE ARCHITEKTEN, WEILER

Harte Schale, weicher Kern

EINFAMILIENHAUS IN DAFINS

Lageplan

An einem steilen Südhang im kleinen Bergdorf Dafins, umgeben von traditionellen bäuerlichen Gehöften, setzt Stefan Martes Wohnhaus ein weithin sichtbares architektonisches Zeichen. Der klare, monolithisch wirkende Baukörper scheint förmlich aus dem Gelände herauszuwachsen. Über eine Zufahrt von der höher liegenden Straße gelangt man zu einem bekiesten Vorplatz. An der Eingangsseite ist die Sichtbetonfassade, bis auf einen schmalen Sehschlitz im Obergeschoss, fast völlig geschlossen. Der kleine Platz zieht sich ins Haus hinein und endet an einer Glastür. Der kühle und beinahe abweisende Eindruck, den das Gebäude von außen her vermittelt, verwandelt sich hinter der Schwelle unerwartet ins Gegenteil. Sämtliche Räume und Einbauten sind mit gewachsten oder lackierten Birkensperrholztafeln verkleidet, deren heller ockerfarbener Ton das Innere des Hauses in warmes Licht taucht.

Der Grundriss hat etwas Labyrinthisches, das sich dem eintretenden Besucher nicht auf den ersten Blick erschließt. Von einem schmalen Gang in der Eingangszone führen einige Stufen hinab zum Schlafbereich. Drei Schlafzimmer öffnen sich mit großen Fensterflächen nach Süden zur Landschaft hin und stellen den direkten Sichtkontakt zum Außenraum her. Vertikale Glasschlitze sorgen auch zwischen den Zimmern für vielfältige Ein- und Ausblicke. Elternschlafraum und Bad sind darüber hinaus durch eine deckenhohe Glasscheibe miteinander verbunden.

Auf der anderen Gebäudeseite führt eine Treppe mit flachen Stufen weiter hinauf in die Wohnebene, die sich in zwei gläserne pavillonähnliche Aufbauten teilt. Beide Kuben, der eine längsrechteckig und der andere quadratisch, stehen im rechten Winkel zueinander und umschließen eine mit Schieferplatten ausgelegte Dachterrasse. Der größere Kubus, ein elf Meter langer und vier Meter schmaler Raum, wird von den mittig liegenden Küchenzeilen, die ebenfalls mit Birkenholz verkleidet sind, in einen Ess- und einen Arbeitsbereich unterteilt. Der zweite Würfel ist ganz dem Wohnen vorbehalten.

Raumhohe Panoramascheiben lassen die Grenzen zwischen Innen und Außen verschwimmen und lenken den Blick gezielt ins Tal und auf die umliegenden Gehöfte. Wände, Decken, Böden und Einbauten scheinen überall fast nahtlos ineinander überzugehen und bilden eine homogene Einheit. Gerade durch diese extreme Reduktion auf wenige Formen, Farben und Materialien ist es den Architekten gelungen, im Innern des Hauses ein faszinierendes Raumkontinuum entstehen zu lassen.

Ein Haus wie eine Skulptur. Inmitten traditioneller Bauernhäuser wächst dieser markante Betonkubus aus dem Hang.

▮ *Blick auf die Treppe zum Wohnraum. Das Innere des Hauses ist mit hellem Birkensperrholz verkleidet.*

▮ *Der Wohnbereich teilt sich in zwei Glaskuben auf, die sich im rechten Winkel um die große, mit Schieferplatten ausgelegte Terrasse legen. Der schmale Durchgang führt über einen Steg hinaus auf den Hang.*

▮ *Zur Straße hin ist die Gebäudefront bis auf einen schmalen Sehschlitz über dem Eingangsbereich hermetisch geschlossen. Die Zufahrt mündet auf einen Vorplatz, der sich unter das Haus zieht.*

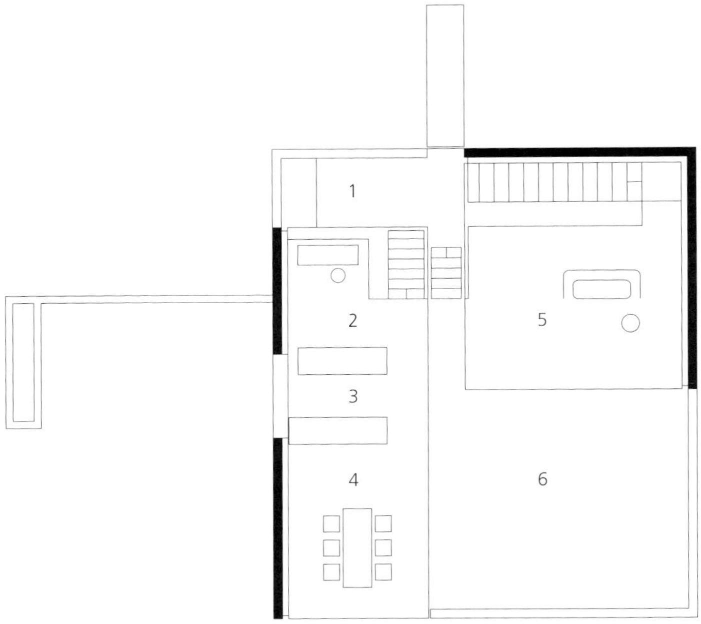

Wohnebene
M 1:200

1 Hof
2 Arbeiten
3 Kochen
4 Essen
5 Wohnen
6 Terrasse

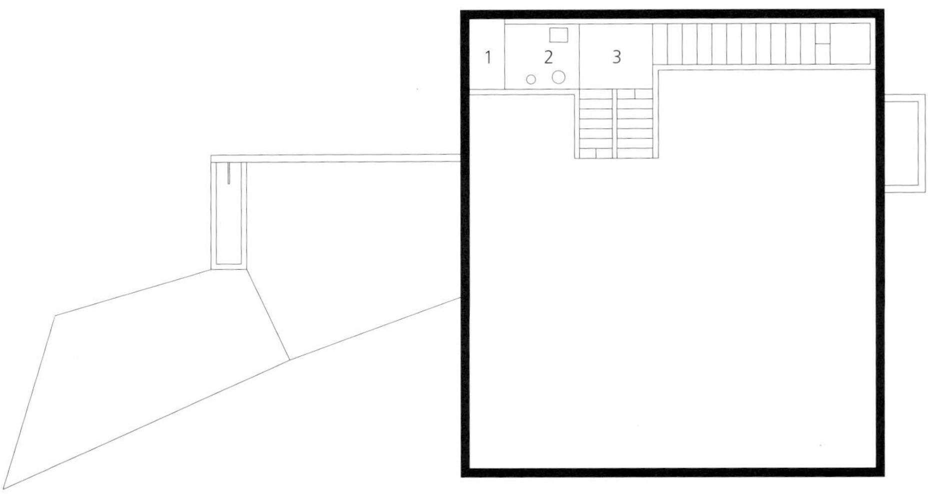

Zwischenebene
M 1:200

1 Lichthof
2 Gäste-WC
3 Vorraum

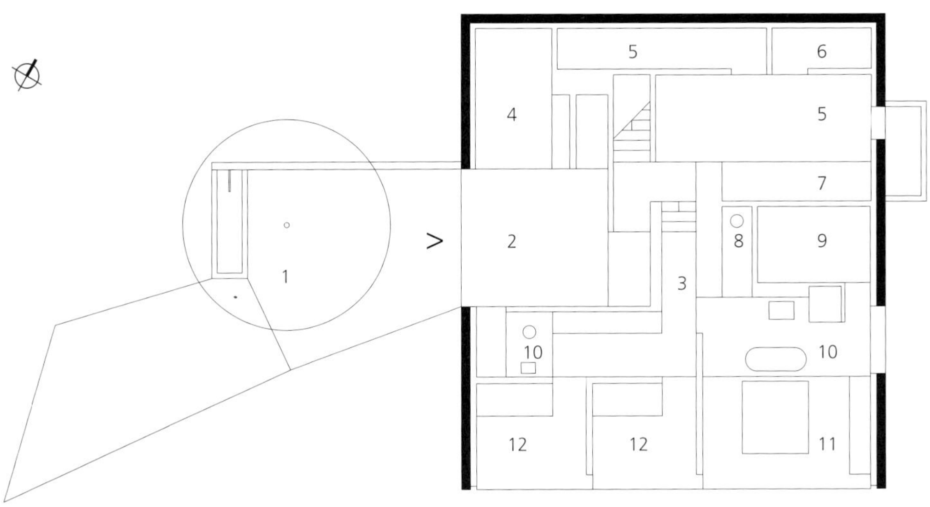

Eingangsebene
M 1:200

1 Vorplatz mit Brunnen
2 Eingang
3 Flur
4 Abstellraum
5 Lager
6 Tank
7 Technik
8 WC
9 Sauna
10 Bad
11 Eltern
12 Kind

▮ *Wie ein Schutzmantel scheint sich der Beton um das Gebäude zu legen. Die Dächer der beiden pavillonartigen Aufbauten sind ebenfalls aus Sichtbeton und wirken wie eine fünfte Fassade.*

▮ *Der lichtdurchflutete Essbereich: Raumhohe Glaswände, die an den Ecken rahmenlos aneinander stoßen, lenken den Blick ins Tal.*

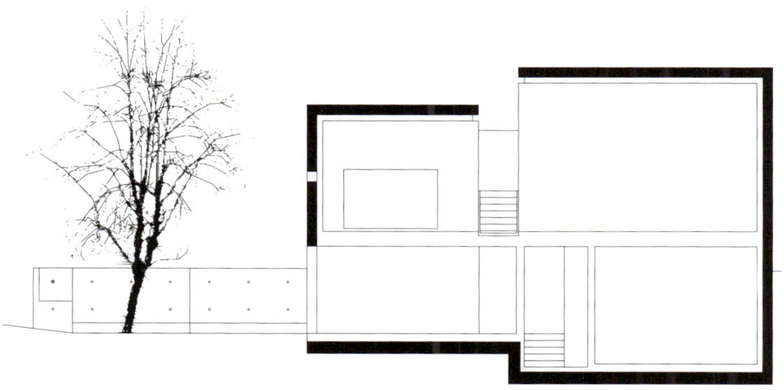

Schnitt
M 1:200

Büroprofil

Marte.Marte Architekten
Totengasse 18
A-6833 Weiler
www.marte-marte.com
Projektmitarbeit:
Robert Zimmermann,
Michelangelo Zaffignani,
Konrad Klostermann

Studienort:
Bernhard und Stefan Marte:
Leopold Franzens Universität
Innsbruck

Gemeinsames Büro:
seit 1993

Anzahl der Mitarbeiter:
5

Arbeitsschwerpunkte:
Kein Schwerpunkt

Arbeits- und Entwurfs-philosophie:
„Das Einfache ist nicht immer das Beste, aber das Beste ist immer einfach."
(Heinrich Tessenow)

Gebäudedaten

Grundstücksgröße: 1230 m²
Wohn- und Nutzfläche: 140 m²
Dachterrasse: 45 m²
Anzahl der Bewohner: 4
Baukosten: keine Angaben
Fertigstellung: 2000

>>> ARCHITEKTEN: HOLZ BOX TIROL, INNSBRUCK

Im Doppelpack

WOHN- UND JOBBOX IN KIERLING, KLOSTERNEUBURG

Lageplan

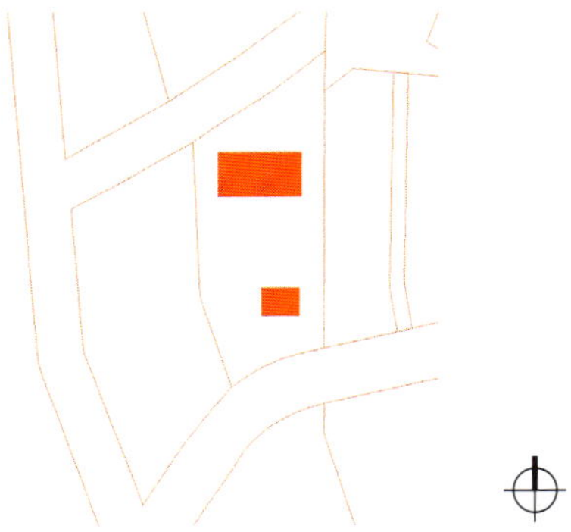

Wohnen und Arbeiten finden hier zwar nicht unter einem Dach, aber immerhin auf dem gleichen Grundstück statt. Zwei in sich abgeschlossene kubische Baukörper – ein Büroturm und ein Wohngebäude, die beide in Modulbauweise konzipiert sind – bilden ein kleines Ensemble, das sich harmonisch in den leicht abfallenden Hang mit schönem alten Baumbestand einfügt. Ausgangspunkt der Planung war der Wunsch der Bauherren, ihre Arbeitsstätte zwar in der Nähe, aber doch weit genug entfernt zu wissen, um Beruf und Privatleben klar voneinander trennen zu können.

Baulichen Auftakt am südlichen Straßenrand bildet die zweigeschossige „Jobbox", in der das Grafikbüro untergebracht ist. Mit nur vier mal sechs Metern Kantenlänge ist sie der deutlich kleinere der beiden Würfel. Die größere „Wohnbox" ist an den tiefer gelegenen Nordrand des Grundstücks geschoben und nur über den Garten zu erreichen.

In der Eingangsebene befinden sich der offene Koch-, Ess- und Wohnbereich, in dem darüber liegenden Geschoss sind das Bad und eine Schlafzone untergebracht, die in drei einzelne Räume unterteilt ist. Über einen schmalen Ausstieg gelangt man auf eine sichtgeschützte Dachterrasse, die in den Sommermonaten zu einem zusätzlichen Zimmer im Freien wird.

Das Grundrisskonzept ist ebenso einfach wie konsequent. Sämtliche Funktionsflächen sind in einem kompakten Riegel auf der östlichen Gebäudeseite zusammengefasst. Technikraum, Sanitärzelle, Küchenblock und Treppe bestehen aus einem vorgefertigten Installationskern. Alle Versorgungsleitungen für die Haustechnik sind in das innen liegende System aus Stützen und Trägern integriert. Auch die Wand- und Fensterelemente, sowie die Decken wurden im Werk vorproduziert und auf der Baustelle montiert, sodass die Holzkonstruktion innerhalb von vier Wochen aufgestellt werden konnte. Die hoch wärmegedämmte Außenhaut ist mit großflächigen Platten aus befilmtem Sperrholz verkleidet, einem Material, das üblicherweise in der Fahrzeugtechnik oder beim Schalungsbau zum Einsatz kommt.

Trotz seiner Schlichtheit besticht das bauliche und architektonische Konzept durch seine gestalterischen Qualitäten. Das modulare System kann zudem jederzeit erweitert werden und sich somit verändernden Lebensumständen anpassen. 2001 wurde das Projekt mit dem Niederösterreichischen Holzbaupreis ausgezeichnet.

▮ *Auf das Wesentliche reduziert: Als schlichter kubischer Baukörper präsentiert sich die Wohnbox. Die Außenhaut ist mit großflächigen Schaltafeln verkleidet.*

▮ *Die beiden Gebäude bilden eine harmonische Einheit. Mit ihren dunkelbraun schimmernden Oberflächen fügen sie sich unauffällig in die Umgebung und den alten Baumbestand ein.*

Der Zugangsbereich zur Jobbox an der Straßenseite. Der Steg dient gleichzeitig als Parkdeck

Die Terrasse auf dem Dach der Wohnbox: Ein großes zusätzliches Zimmer im Freien.

Der Schlafraum im Obergeschoss mit Blick auf das Bad, das wie eine Box in den Raum gestellt ist. Das Fassadenmaterial kommt auch als Bodenbelag gut zur Geltung.

Die Küche in der Eingangsebene ist in einem kompakten Installationskern zusammengefasst.

Büroprofil

Holz Box Tirol
Colingasse 3
A-6020 Innsbruck
www.holzbox.at
Projektmitarbeit:
F. Reiter, S. Taschler,
V. Bohnert, C. Klein
Studienort:
Armin Kathan/Erich Strolz:
Innsbruck, Wien/Innsbruck,
Graz

Gemeinsames Büro:
seit 1993
Anzahl der Mitarbeiter:
8
Arbeitsschwerpunkte:
Wohnbauten, Tourismusbauten
Arbeits- und Entwurfsphilosophie:
Wir entwickeln Bau- und Architektursysteme, die bis ins kleinste Detail durchdacht sind und energie- und platzsparende Lösungen möglich machen. Kennzeichnend für unsere Arbeit ist die Verbindung von modernen Vorfertigungstechnologien mit einem hohem Anspruch an qualitätvolle Architektur.

Gebäudedaten

Grundstücksgröße: 693 m²
Wohnfläche: 118 m²
Dachterrasse: 74 m²
Zusätzliche Nutzfläche (Büro, Atelier): 44 m²
Anzahl der Bewohner: 3
Baukosten je m² Wohn- und Nutzfläche: ca. 1405 Euro
Baukosten gesamt: ca. 227 650 Euro
Baujahr: 2000

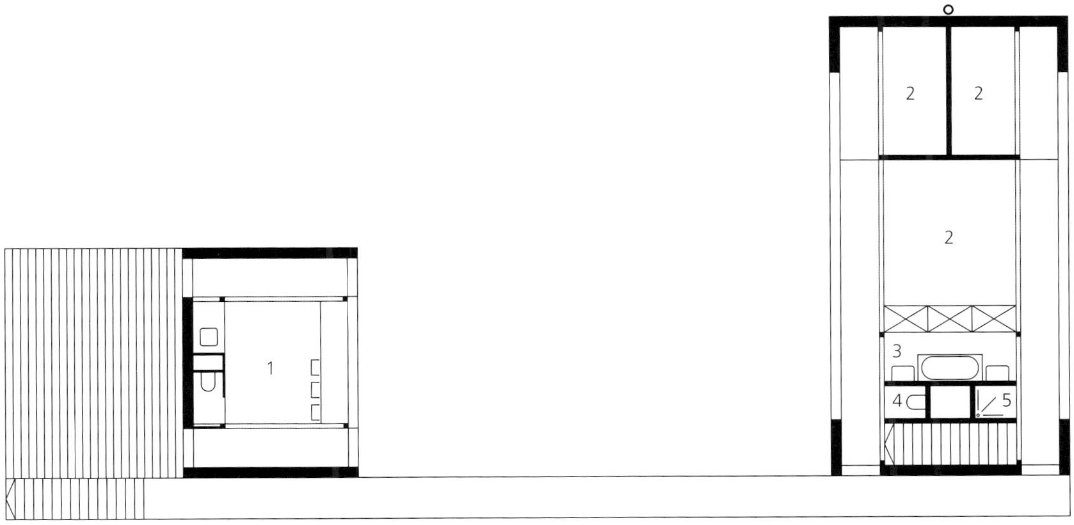

Erdgeschoss
M 1:200

1 Büro
2 Schlafen
3 Bad
4 WC
5 Dusche

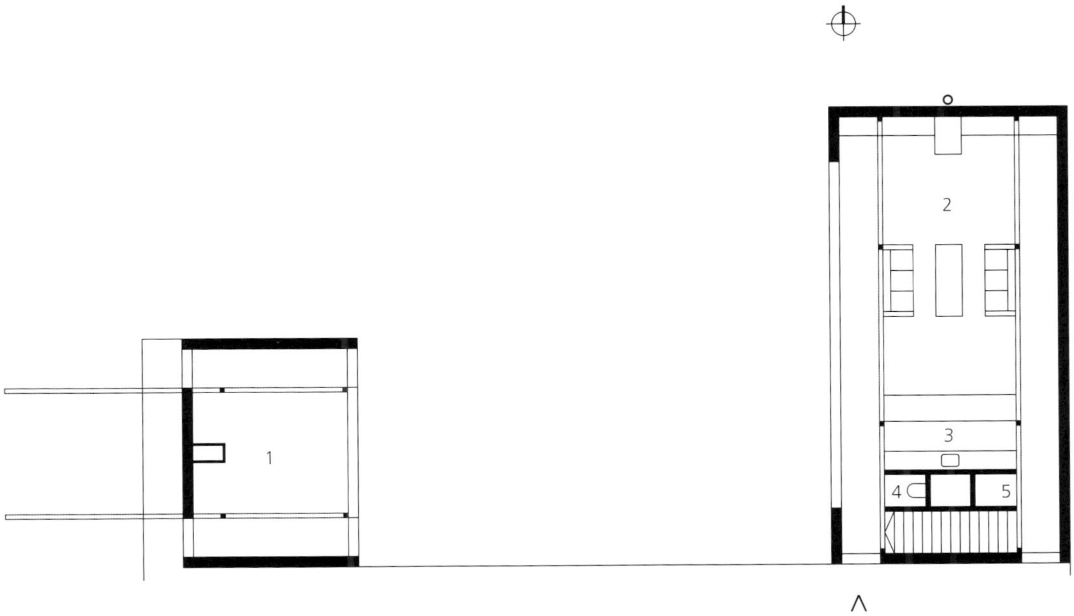

Untergeschoss
M 1:200

1 Atelier
2 Wohnen
3 Kochen
4 WC
5 Abstellraum

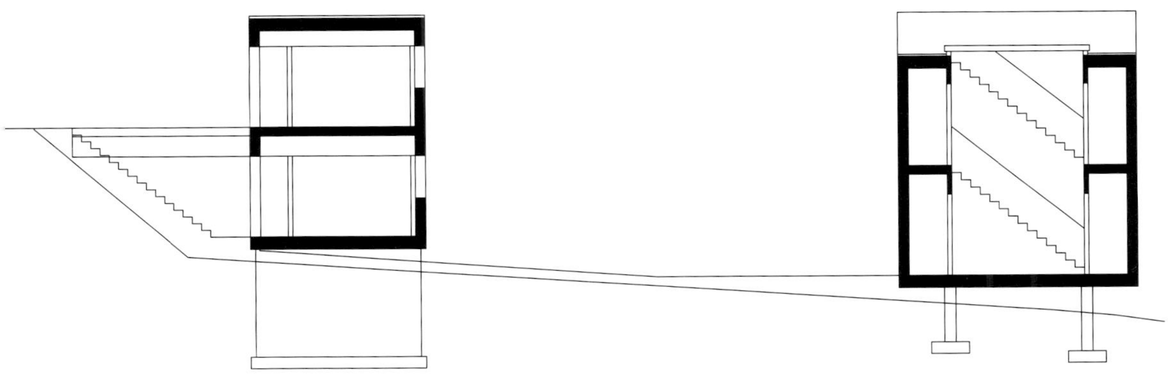

Schnitt
M 1:200

ANERKENNUNG

>>> ARCHITEKTEN: BÜRO DREER2, KRITZENDORF/KLOSTERNEUBURG

Hoch wasser hochsitz

FERIENHAUS IN KLOSTERNEUBURG

Lageplan

Die Nähe zum Wasser hatte dem alten Strandhaus aus den 1920er Jahren sichtlich zugesetzt: Das Wochenenddomizil einer Wiener Familie, ufernah auf einem Pachtgrundstück am Donauseitenarm in Klosterneuburg gelegen, wurde vom alljährlich wiederkehrenden Hochwasser regelmäßig überflutet und verfiel zusehends. Die Bauherren beschlossen, das Sommerhaus durch ein modernes und vor allem hochwassersicheres Gebäude zu ersetzen – eine besondere Herausforderung für die Architekten Andreas und Michaela Dreer, vor allem deshalb, weil die maximal zulässige bebaubare Fläche nur 35 Quadratmeter betrug.
Trotz dieser engen Vorgabe entstand ein komfortables kleines Ferienhaus, das jetzt sogar das ganze Jahr über genutzt werden kann. Die Architekten entschieden sich, die für die Strandbadkolonie typische Stelzenkonstruktion zu übernehmen und mit anderen Mitteln neu zu interpretieren. Sie errichteten das Haus auf einem 2,60 Meter hohen, wasserundurchlässigen Betonkern, der zugleich als Technik- und Lagerraum dient. Dieser Kern ist nur über eine Bodenklappe vom darüber liegenden Bad aus zugänglich. Der eigentliche Wohnbereich befindet sich, vor ansteigendem Wasser gut geschützt, eine Ebene höher und wird durch eine außen liegende Treppe erschlossen. Sie führt zu einer großzügigen, überdachten Terrasse, die das Haus in den Sommermonaten um ein zusätzliches Zimmer im Freien erweitert.
Über ein raumhohes Glasportal an der Ostseite gelangt man ins Innere des Gebäudes, das als Einraumhaus konzipiert ist. In der Eingangsebene befinden sich Wohn- und Essbereich, Kochnische und Bad. Eine offene Treppe führt zu einem Galerieraum, der sich in drei leicht versetzte Ebenen unterteilt und damit drei räumlich voneinander getrennte Wohn- und Schlafbereiche bildet. Zahlreiche Einbauschränke sorgen für den notwendigen Stauraum, so dass sich die zusätzliche Möblierung auf den insgesamt nur 43 Quadratmeter Wohnfläche auf das Notwendigste beschränken kann.
Das zweigeschossige Minimalhaus ist eine vorgefertigte Holzriegelkonstruktion, die vor Ort auf den Betonsockel montiert und anschließend mit großflächigen, furnierten Fassadenplatten verkleidet wurde. Auf diese Weise war es möglich, den Bau innerhalb von nur zwei Monaten fertig zu stellen – rechtzeitig vor Beginn der Sommersaison.

▮ *Absolut hochwassersicher: Das kleine Strandhaus wurde als vorgefertigte Holzkonstruktion auf einem 2,60 Meter hohen, wasserundurchlässigen Betonkern errichtet.*

▮ *Der Zugang zur Wohnebene ist nur über die außen liegende Treppe möglich.*

▮ *Über die Terrasse gelangt man ins Innere des Mini-Hauses. Die offene Treppe führt vom Wohnraum hinauf in den Schlafbereich, der sich über drei leicht versetzte Galerieebenen verteilt.*

▮ *Mitte: Die Außenhaut ist mit großflächigen, furnierten Fassadenplatten verkleidet, deren exaktes Fugenbild ein wesentliches Gestaltungselement des kleinen Baukörpers darstellt.*

▮ *Unten: Raumhohe Glasfronten an der Ostseite sorgen für vielfältige Ein- und Ausblicke.*

▮ *Die Montage der vorgefertigten Holzelemente.*

Büroprofil

Büro DREER 2
Sonnleitengasse 23
A-3420
Kritzendorf/Klosterneuburg
www.dreer2.at

Studienort:
Andreas Dreer/Michaela Dreer: TU Wien

Gemeinsames Büro:
seit 2000

Arbeitsschwerpunkte:
Wohnungsbau, Einfamilienhäuser, Holzbau, Niedrigenergiehäuser, Innenausbau, Sanierungen.

Arbeits- und Entwurfsphilosophie:
Einfache Lösungen durch funktionelle, kostengünstige und klare Konzepte.

Gebäudedaten

Grundstücksgröße: 306 m²
Wohnfläche: 43 m²
Terrasse: 16 m²
Zusätzliche Nutzfläche: 5 m²
Anzahl der Bewohner: 2–4
Baukosten: keine Angaben
Baujahr: 2003

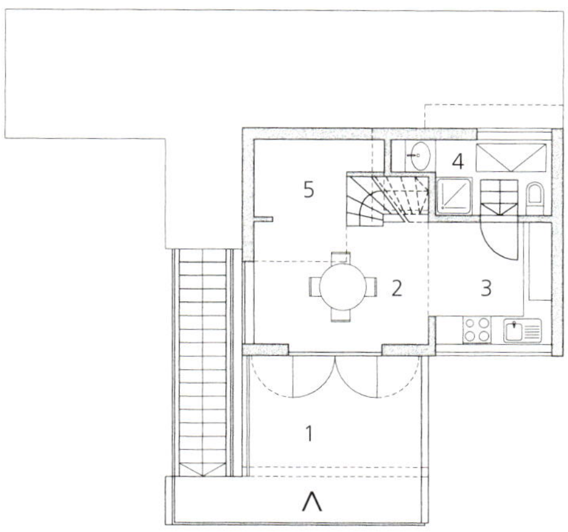

Obergeschoss 1
M 1:200

1 Terrasse
2 Essen
3 Kochen
4 Bad, WC und Abgang Technik
5 Stauzone

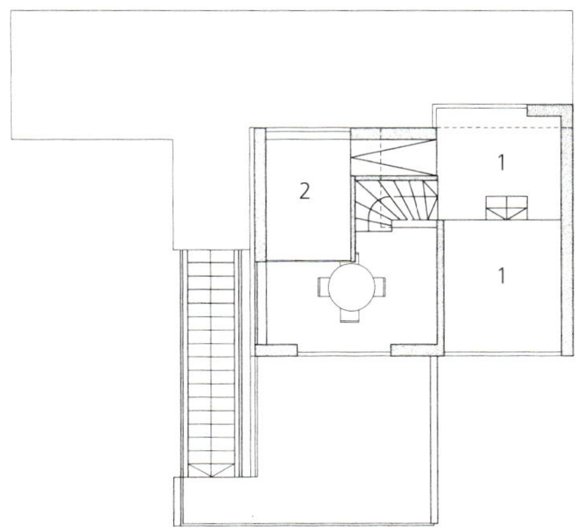

Obergeschoss 2
M 1:200

1 Wohnen
2 Schlafen

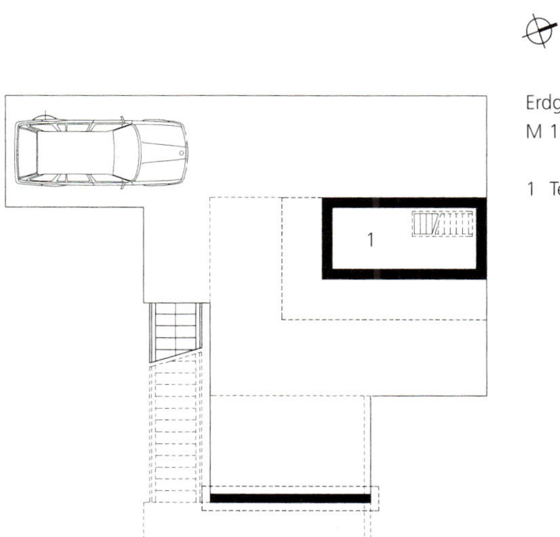

Erdgeschoss
M 1:200

1 Technik, Lager

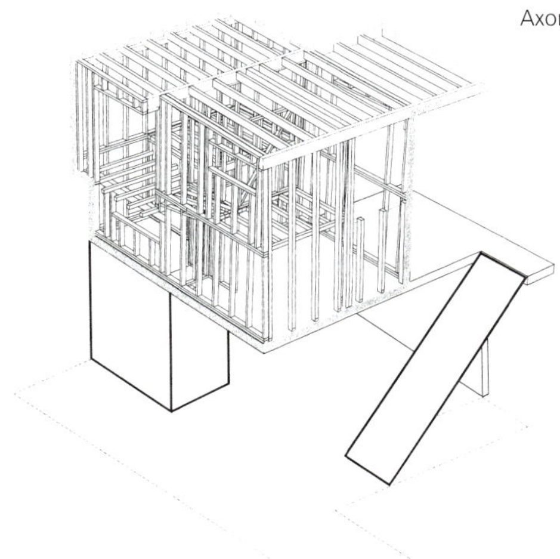

Axonometrie

>>> ARCHITEKTEN: HARALD UND SUSANNE EDER, LANGENZERSDORF

Immer den Hang entlang

EINFAMILIENHAUS IN LANGENZERSDORF

Lageplan

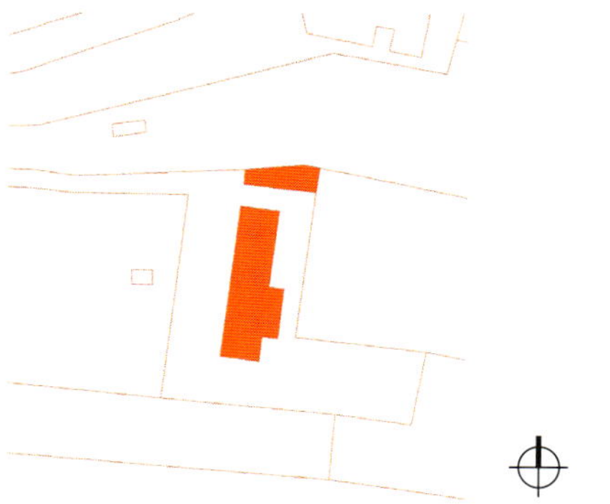

Das Leitmotiv des Entwurfs ergab sich hier wie selbstverständlich aus der Topografie. Das Einfamilienhaus, das sich Harald und Susanne Eder am Stadtrand von Wien bauten, nimmt das leichte Gefälle im Gelände auf und entwickelt daraus ein eigenes Thema – es treppt sich buchstäblich Stufe für Stufe den Hang hinab. Da das Grundstück in einem Landschaftsschutzgebiet liegt, durfte die Gebäudehöhe viereinhalb Meter nicht überschreiten. Für den Neubau der fünfköpfigen Familie kam daher nur eine eingeschossige Bauweise in Betracht. Mit dem extensiven Gründach und der dunklen Fassade, die mit anthrazitgrauen Faserzementplatten verkleidet wurde, ist es den Architekten gelungen, das Gebäude harmonisch in die umgebende Landschaft einzufügen.

Der Windfang an der Ostseite des gut 25 Meter langen Baukörpers hebt sich mit seiner Außenhaut aus Zinkblech deutlich vom Haupthaus ab. Von hier gelangt man direkt in den großzügigen Wohn- und Essbereich, der sich mit einer breiten Glasfront in Richtung Süden zur vorgelagerten Terrasse hin öffnet. Das Gebäude wurde als Einraum konzipiert, der nur durch leichte Zwischenwände, Möbel und Schiebetüren unterteilt ist. Auf diese Weise bleibt das Haus von nahezu jedem Standpunkt aus in seinen vollen Raumdimensionen erlebbar und „zerfällt" nicht in einzelne Zimmer. Lediglich in der Gebäudemitte ist ein kompakter Versorgungsblock situiert, in dem Küche, Bäder und Haustechnik untergebracht sind. Der Sanitärbereich wird von oben, durch eine gut drei Quadratmeter große, quadratische Öffnung im Dach mit natürlichem Licht versorgt. In den Kinderzimmern nutzten die Eltern die großzügige Raumhöhe von bis zu 3,70 Metern, um zusätzliche Schlafgalerien einzuziehen und auf diese Weise mehr Spielraum für die kleineren Bewohner zu schaffen.

Die Fensteröffnungen sind überall deckenhoch, sodass sich im Innern des Hauses jeweils wechselnde Lichtstimmungen ergeben, die die Nähe zum Grün und den Verlauf der Tages- und Jahreszeiten erlebbar machen.

Das Wohngebäude ist eine Holzständerkonstruktion aus vorgefertigten Wandelementen mit mineralischer Wärmedämmung, die auf der abgetreppten Stahlbetonfundamentplatte montiert wurden. Innenwände und Decken sind mit weiß gestrichenen Gipskartonplatten verkleidet. Sämtliche Schrankwände wurden aus OSB-Platten maßgefertigt. Obwohl das Haus auf den ersten Blick ein ungünstiges Verhältnis von Oberfläche zu Volumen zu haben scheint, erreicht es dennoch den Niedrigenergiestandard.

Ein Haus mit sichtbarem Bezug zu seiner Umgebung: Der eingeschossige Baukörper treppt sich buchstäblich den Hang hinunter. Vom geschützten Freisitz an der Südseite blickt man direkt ins Grüne.

▮ *Die Außenhaut des Gebäudes wurde mit anthrazitgrauen Faserzementplatten verkleidet, der Windfang mit Zinkblech auch optisch hervorgehoben.*

▮ *Blick in den großzügigen offenen Wohn- und Essraum. Deckenhohe Glasfronten schaffen fließende Übergänge zwischen Innen und Außen.*

▮ *Durch seine zurückhaltende Architektur und die dezente Farbigkeit fügt sich das Holzhaus harmonisch in die umgebende Landschaft ein.*

Erdgeschoss
M 1:200

1 Windfang
2 Kochen
3 Essen
4 Wohnen
5 Gedeckte Terrasse
6 WC
7 Bad
8 Technik
9 Kind
10 Schlafgalerie
11 Spielflur
12 Eltern
13 Arbeiten, Computer
14 Gartengeräte
15 Carport

Architektenprofil

Harald und Susanne Eder
Sulzengasse 10 A
A-2103 Langenzersdorf
Studienort:
Harald Eder/Susanne Eder: Technische Universität Wien
Arbeitsschwerpunkte:
Wohnungsbau
Arbeits- und Entwurfsphilosophie:
Bauen als Dienstleistung, um eine konkrete soziale und finanzielle Aufgabenstellung zu erfüllen. Breites geschichtliches Wissen und Kenntnis der Möglichkeiten der Gegenwart dienen als Werkzeuge, um gestalterische, technologische und ökologische Aspekte im Planungs- und Bauprozess zusammenzuführen.

Gebäudedaten

Grundstücksgröße: 1100 m²
Wohnfläche: 150 m²
Zusätzliche Nutzfläche: 14 m²
Anzahl der Bewohner: 5
Baukosten je m² Wohn- und Nutzfläche: 1341 Euro
Baukosten gesamt: 220 000 Euro
Baujahr: 2001

Ansicht Westen
M 1:200

Schnitt
M 1:200

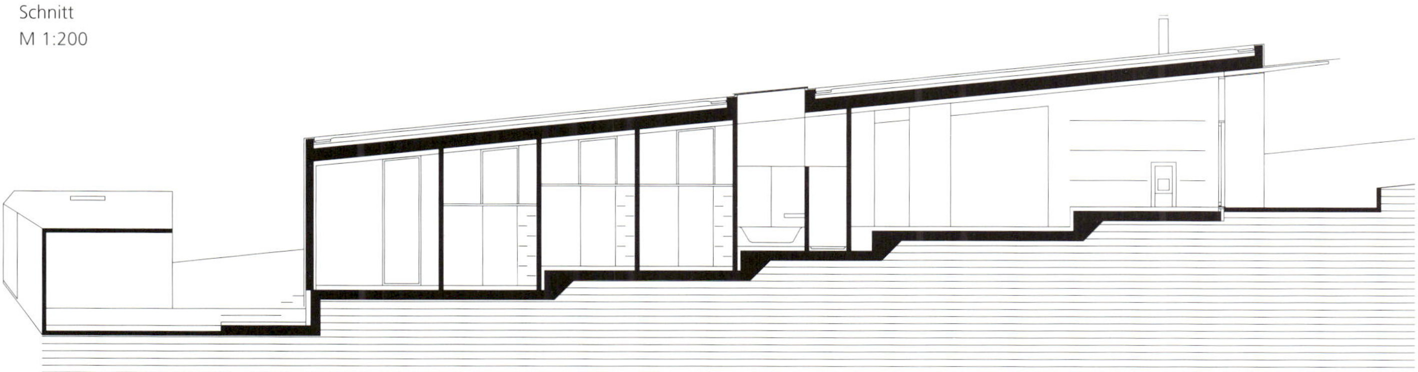

▮ *Die Lärchenholzfenster sind mit kleinen Vordächern als Witterungsschutz überdeckt.*

▮ *Der helle, lichtdurchflutete Erschließungsgang an der Ostseite dient gleichzeitig als Spielflur.*

ANERKENNUNG

>>> ARCHITEKT: ROLAND HAGMÜLLER, WIEN

Moderne Gartenlaube

KLEINGARTENWOHNHAUS IN WIEN

Lageplan

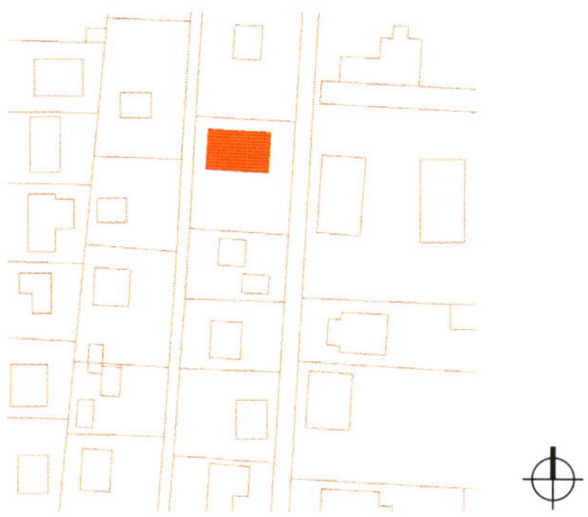

In den 1990er Jahren wurde das Wiener Kleingartengesetz novelliert. Seither ist es in bestimmten Schrebergartenarealen erlaubt, ganzjährig zu wohnen. Um den natürlichen Charakter dieser Grünoasen jedoch nicht zu zerstören, müssen sich die Gebäude in Größe und Maßstäblichkeit an strenge Vorgaben halten. So darf beispielsweise die überbaute Fläche höchstens 50 Quadratmeter betragen und die Gebäudehöhe fünfeinhalb Meter nicht überschreiten. Trotz dieses engen Spielraums beschlossen die Bauherren, auf einer Kleingartenparzelle ihr neues Domizil zu errichten. Dies geschah unter zusätzlich erschwerten Bedingungen, da das Grundstück nur über einen 100 Meter langen, schmalen Fußweg zu erreichen ist. Deshalb konnte sämtliches Aushub- und Baumaterial nur von Hand oder mit Kleinstgeräten befördert werden.

Das Wohnhaus für die vierköpfige Familie wirkt trotz seiner kleinen Abmessungen erstaunlich großzügig. Der Baukörper gliedert sich in zwei Volumina – eines oberhalb und eines unterhalb der Erdoberkante. Der Wohnbereich ist ebenerdig zugänglich und als Einraum konzipiert. Wohnen, Kochen und Essen finden im Erdgeschoss statt, das über einen großen Luftraum mit der darüber liegenden Galerieebene verbunden ist. Breite Fensterfronten an der Südseite schaffen fließende Übergänge zwischen innen und außen. Eine Treppe, die wie ein Möbel in den Raum gestellt ist, führt hinauf zur Lesegalerie mit Arbeitszimmer und kleinem Bad. Diese obere Ebene wird zusätzlich durch eine außen liegende Treppe erschlossen und kann bei Bedarf auch zu einer kleinen, völlig separaten Wohnung umfunktioniert werden.

Im Gelände „vergraben" sind die privaten Rückzugsräume der Familie: die Schlafzimmer, das Bad sowie eine Sauna. Auch dieser Bereich ist über kleine Lichtgräben und Treppen direkt mit dem Garten verbunden. Durch ein sechs Meter langes begehbares Glasfeld, das bündig in den Terrassenboden eingelassen ist, fällt zusätzlich natürliches Licht in die Schlafebene.

Der Teilung des Hauses in zwei unterschiedliche Hälften entsprechend, kamen auch verschiedene Bauweisen zum Einsatz. Das massive Kellergeschoss ist in Stahlbeton ausgeführt, das darüber liegende Wohnhaus als leichte Holzkonstruktion. Da sich die Bauherren eine pflegeleichte Fassadenverkleidung wünschten, fiel ihre Entscheidung auf vorbewittertes Zinkblech. Das Material trägt mit seiner dezenten Farbigkeit dazu bei, dass sich das Haus unauffällig in seine natürliche Umgebung einfügt.

Der zweigeschossige Wohnraum öffnet sich mit einer breiten Fensterfront zum Garten. Über ein begehbares Glasfeld im Terrassenboden werden die Schlafräume im Untergeschoss belichtet.

Die Fassade ist mit vorbewittertem Zinkblech verkleidet. Sämtliche Öffnungen sind konsequent auf die Rasterhöhe von 53,5 Zentimeter abgestimmt.

Büroprofil

Roland Hagmüller
Rotenturmstraße 11/14
A-1010 Wien
www.hagmueller.com
Projektmitarbeit:
Dipl.-Ing. Harald Eder
Studienort:
Roland Hagmüller:
Technische Hochschule Wien;
Akademie der Bildenden
Künste, Wien
Eigenes Büro:
seit 1973
Anzahl der Mitarbeiter:
4–5
Arbeitsschwerpunkte:
Wohn- und Siedlungsbau
Arbeits- und Entwurfs-philosophie:
Aus Erinnerung und Erfahrung für jede Aufgabe die beste Lösung zu finden und dabei Spaß zu haben.
Lehrtätigkeit:
Von 1979 bis 1985 Assistent an der TU Wien, 1986 Visiting Professor Rhode Island School of Design

Gebäudedaten

Grundstücksgröße: 300 m²
Wohnfläche: 125,5 m²
Zusätzliche Nutzfläche: 15,4 m²
Anzahl der Bewohner: 4
Baukosten je m² Wohn- und Nutzfläche: 2058 Euro
Baukosten gesamt: 290 000 Euro
Baujahr: 2000

Der Eingangsbereich an der Nordseite. Über die offene Treppe ist das Galeriegeschoss auch von außen zugänglich.

Blick in den offenen Wohnbereich. Die Treppe zur Galerie ist wie ein Möbel in den Raum gestellt. Deckenhohe Regale bieten ausreichend Platz für die umfangreiche Bibliothek des Bauherrn.

Die obere Ebene wird durch das umlaufende Fensterband zusätzlich belichtet.

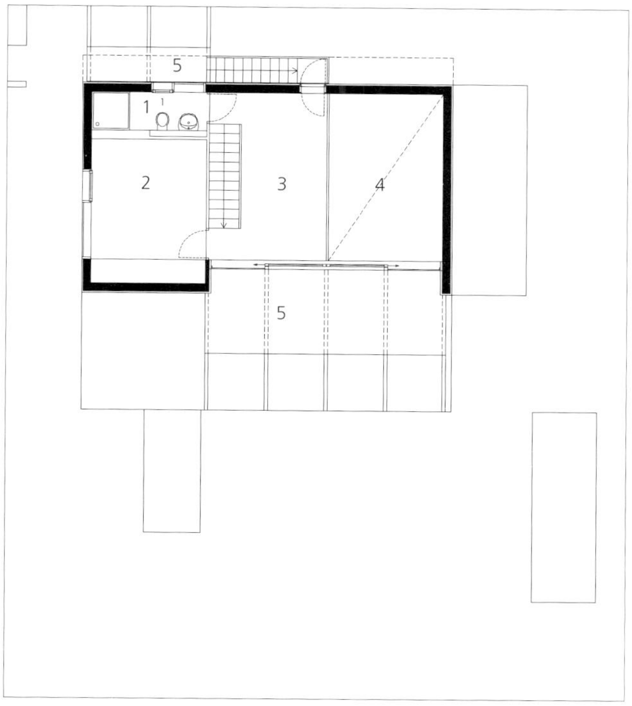

Obergeschoss
M 1:200

1 Bad
2 Büro
3 Galerie
4 Luftraum über Wohnbereich
5 Glas bedeckte Pergola

Schnitt
M 1:200

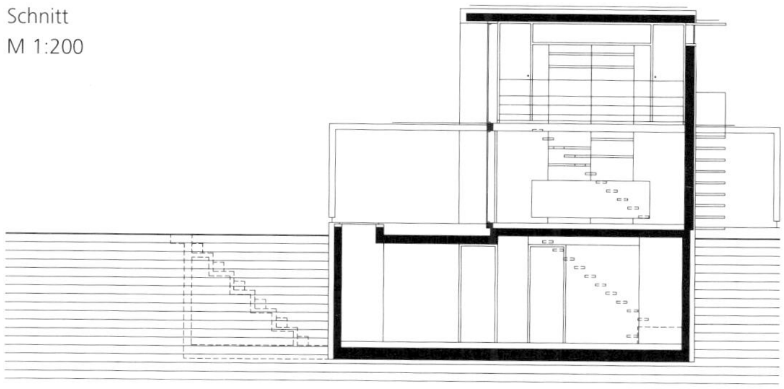

Erdgeschoss
M 1:200

1 Vorraum
2 Küche mit Essplatz
3 Wohnen
4 Terrasse
5 Lichtband
6 Lichtgraben
7 Nebengebäude

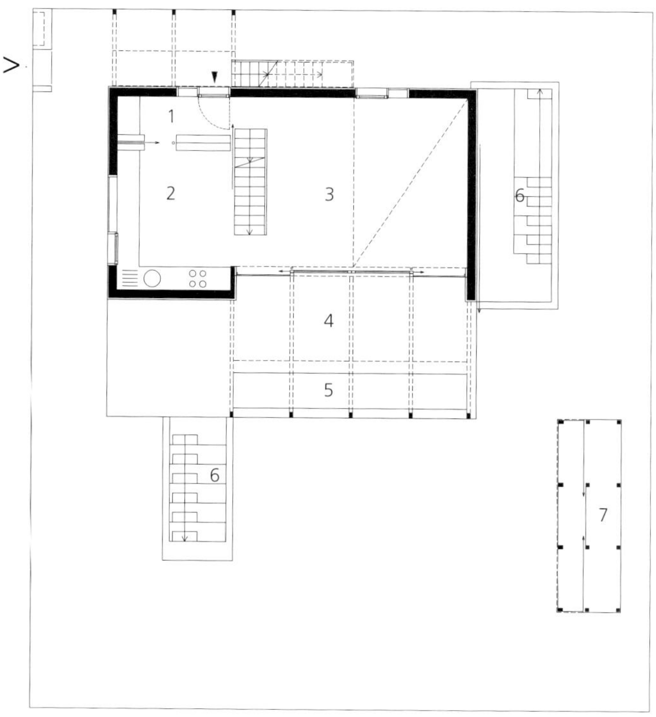

Untergeschoss
M 1:200

1 WC
2 Haustechnik
3 Sauna
4 Bad
5 Vorraum
6 Schrankwand
7 Eltern
8 Kinder
9 Lichtgraben

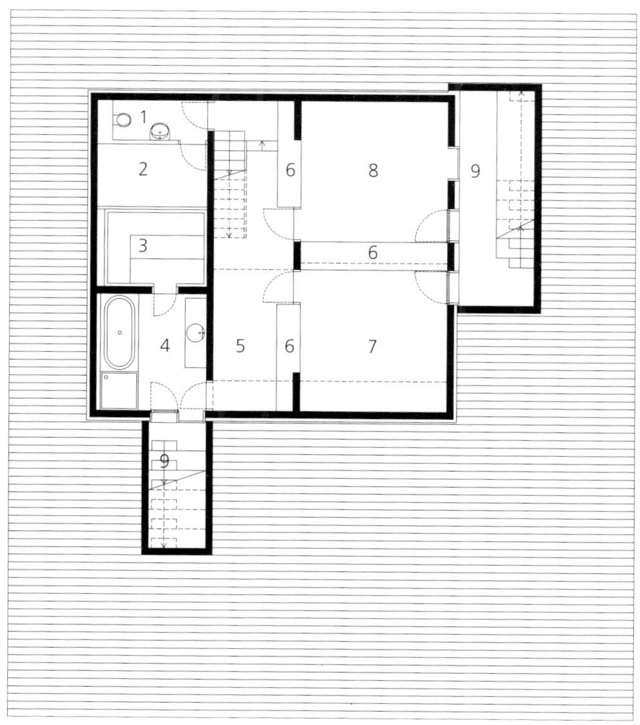

ANERKENNUNG

ARCHITEKT: ERNST BENEDER, WIEN

Raumspiel auf mehreren Ebenen

EINFAMILIENHAUS IN WIEN

Lageplan

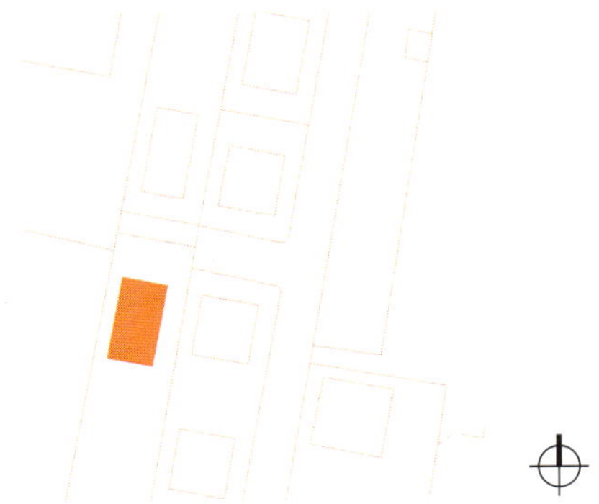

An der südlichen Peripherie von Wien baute Architekt Ernst Beneder dieses Wohnhaus für ein älteres Ehepaar, das seine Stadtwohnung den erwachsenen Kindern überließ und sich ins Grüne zurückzog. Eine kurze Stichstraße führt zu dem schmalen Grundstück, das auf seiner Gartenseite in Richtung Süden abfällt. Der lang gestreckte Baukörper ist weit in den Hang hineingeschoben und staffelt sich, dem natürlichen Geländeverlauf folgend, ab. Im Innern des Gebäudes entsteht auf diese Weise ein komplexes Gefüge aus unterschiedlichen, zum Teil leicht versetzten Wohnebenen, die – der Idee eines „Raumplanes" von Adolf Loos folgend – als dreidimensionale kubische Formen in den Raum ragen.

Repräsentativer und kommunikativer Mittelpunkt des Hauses ist eine große, offene Wohnhalle, die über zwei Etagen reicht und auf der Gartenseite ebenerdig ins Grüne übergeht. Der breiten Fensterfront ist ein ebenfalls über zwei Geschosse reichender Wintergarten vorgelagert, der als Klimapuffer dient. Weit gespannte Pergolen aus Holzlamellen spenden Schatten und dienen als zusätzliches Gestaltungselement. Über eine in Gebäudemitte liegende Treppe, die auf einer offenen Galerie endet, ist der Koch-, Ess- und Wohnbereich auch optisch mit der höher liegenden Eingangsebene verbunden. In einem mit hellem Birkenholz verkleideten Kubus, der fast schwerelos über dem Küchentrakt zu schweben scheint, verbirgt sich der private Rückzugsbereich der Bauherren mit Schlafzimmer und Bad. Durch eine Öffnung im Schrankraum kann man von hier – fast wie von einer Aussichtskanzel – in den Wohnbereich blicken. Einige Stufen führen von dieser Ebene in das etwas höher liegende Studio, dem auf der Südseite eine kleine Dachterrasse als sichtgeschützter Freiraum vorgelagert ist. In einem völlig separaten Trakt auf der anderen Gebäudeseite im Nordosten befindet sich ein Atelier, das gleichzeitig als Gästezimmer dient und nur über die Treppe im Eingangsbereich zu erreichen ist.

Für den Hauptbaukörper wählte der Architekt eine leichte Stahlskelettkonstruktion, die mit Ziegeln ausgefacht wurde. Alle Decken, Zwischendecken und die an Erker erinnernden Aufbauten sind in Holzriegelkonstruktion ausgeführt. Sie gehen mitunter direkt in die Ausbauteile, wie raumbildende Schränke oder Zwischenpodeste, über.

Die Kombination ganz unterschiedlicher Materialien – Stahl, Glas, Naturstein, Sichtbeton und Holz – sorgt im Innern des Hauses für spannungsvolle Kontraste und unterstreicht das differenzierte Raumkonzept.

Blick vom Garten auf die Südseite. Der offenen Wohnhalle ist ein über zwei Geschosse reichender Wintergarten als Klimapuffer vorgelagert. Die Holzlamellen sind Sonnenschutz und Gestaltungselement zugleich.

Der Eingangsbereich an der Nordseite mit kleinem Vorplatz. Von hier aus lässt sich noch nicht erahnen, welches Raumpotenzial sich im Innern des Hauses verbirgt.

▮ *Kühle und warme Materialien treffen aufeinander und sorgen für spannungsvolle Kontraste. Die Fensterbank aus Sichtbeton dient gleichzeitig als Holzlege für den gemauerten Ofen.*

▮ *Blick vom Wohnraum auf die Galerie. Hinter der Wand aus satiniertem Glas ist die Treppe zu erkennen, die zur höher gelegenen Eingangsebene führt.*

▮ *Hinter dem mit Birkenholz verkleideten Kubus, der über dem Küchentrakt zu schweben scheint, verbergen sich Schlafzimmer und Bad. Über eine Öffnung im Schrankraum kann man in den Wohnbereich hinabblicken.*

Schnitt
M 1:200

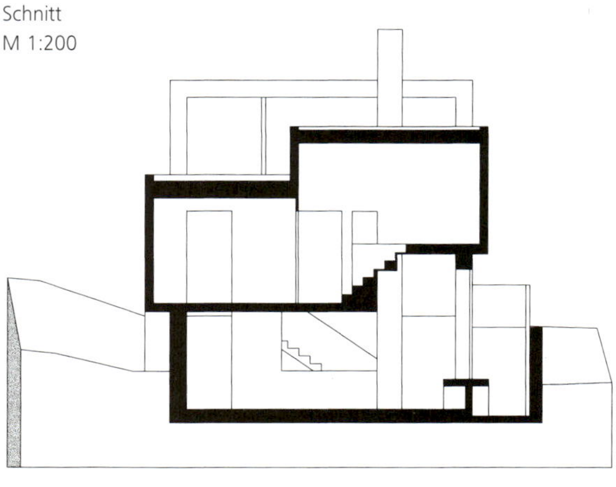

Büroprofil

Ernst Beneder
Dipl.-Ing. Architekt
Wollzeile 19/17b
A-1010 Wien
Projektmitarbeit:
Dipl.-Ing. Horst Zauner

Studienort:
TU Wien, postgraduates Studium am Tokyo Institute of Technology

Eigenes Büro:
seit 1987, seit 1996 Arbeitsgemeinschaft mit Anja Fischer

Arbeitsschwerpunkte:
Räumliche Interpretation der topografischen Gegebenheiten in allen Maßstäben – vom Städtebau bis hin zur Innenraumgestaltung.

Arbeits- und Entwurfsphilosophie:
Gebautes reagiert immer auf den Ort und das „Gegebene" und gibt neuerlich: Es markiert einen neuen Ort, formt eine Landschaft und löst Erinnerungen aus. Als unwiederholbare Antwort lässt es motivische Sprachspiele zurück und den Ort von sich erzählen.

Lehrtätigkeit:
Gastprofessuren an der University of Illinois und an der TU Wien

Gebäudedaten

Grundstücksgröße: 609 m^2
Wohnfläche: 145 m^2
Zusätzliche Nutzfläche: 102 m^2
Anzahl der Bewohner: 2
Baukosten je m^2 Wohn- und Nutzfläche: 1470 Euro
Baukosten gesamt: 363 000 Euro zzgl. 72 000 Euro für Möbel und Einbauten
Baujahr: 2002

Obergeschoss
M 1:200

1 Galerie
2 Atelier, Gäste

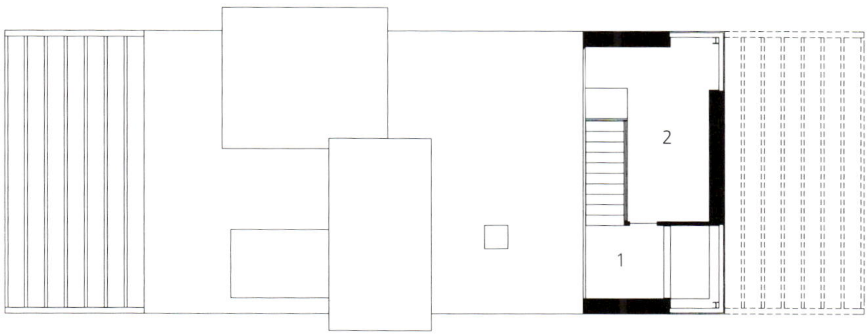

Erdgeschoss
M 1:200

1 Galerie
2 Schlafen
3 Schrankraum
4 Studio
5 Bad
6 Terrasse
7 Müll

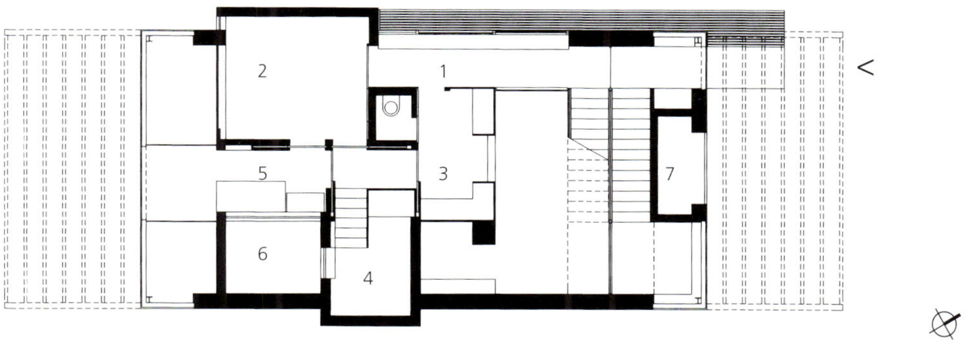

Untergeschoss
M 1:200

1 Keller
2 Keller
3 Keller
4 Keller, Fitness
5 Wirtschaftsraum
6 WC
7 Vorraum
8 Küche
9 Wohnen
10 Wintergarten

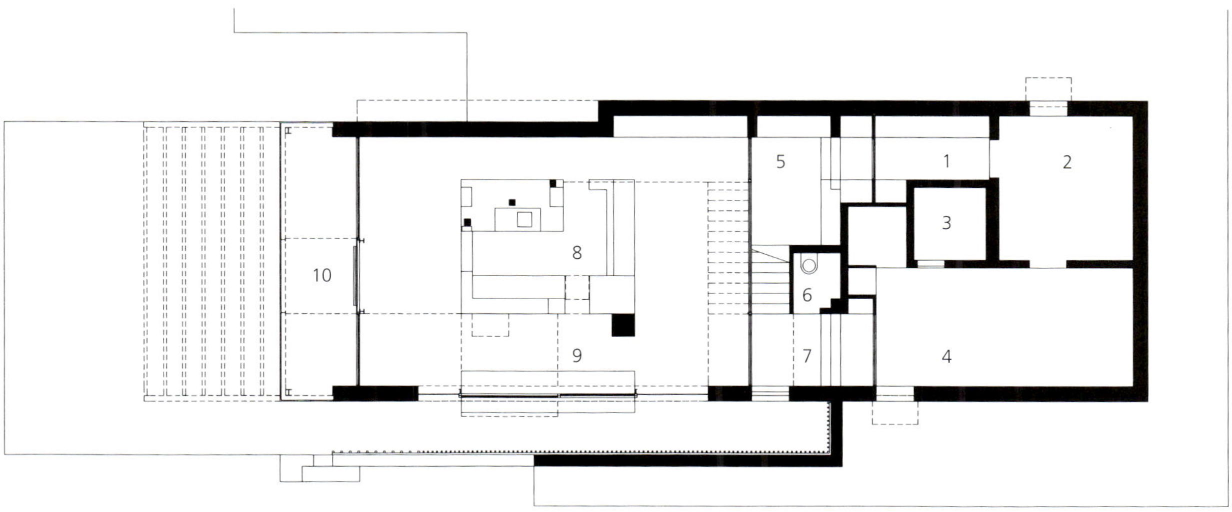

ANERKENNUNG

>>> ARCHITEKTEN: THALER.THALER ARCHITEKTEN, WIEN

Kleines Haus ganz groß

KLEINGARTENWOHNHAUS IN WIEN

Lageplan

In einer Wiener Kleingartensiedlung steht dieses von außen recht bescheiden wirkende Wohnhaus, das seine wahren Raumqualitäten im Innern verbirgt. Auf einer Grundfläche von nur 50 Quadratmetern ist es den Architekten gelungen, ein Domizil für eine vierköpfige Familie zu schaffen, das jedem seiner Bewohner ausreichend Platz und Rückzugsmöglichkeiten bietet.

Das zweigeschossige Gebäude fügt sich nicht nur durch seine Maßstäblichkeit, sondern auch durch die Materialwahl unauffällig in die Umgebung ein. Für die Schalung der Fassade wurden einfache, sägeraue Lärchenbretter verwendet. Über eine schmale, außen liegende Treppe, die an der Längsseite des Gebäudes den Hang hinabführt, gelangt man zum Eingang auf der Südseite, der unmittelbar an den lichtdurchfluteten Wohn- und Essraum angrenzt. Die Architekten interpretierten das Innere des Gebäudes als Teil des Gartens. Von jeder Stelle des Hauses kann man ins Freie blicken und jeder Raum hat einen eigenen Ausgang nach draußen. Licht und Sonne fallen von allen Seiten ins Gebäude herein und große raumhohe Glasflächen ermöglichen diagonale Blickbeziehungen. Ein kleines, quadratisches Atrium trennt das Wohnzimmer vom dahinter liegenden Arbeitsbereich. Es ist ein intimer Innenhof, der von oben belichtet wird und einen weiteren Bezug zum Außenraum herstellt.

Das Haus entstand in Mischbauweise. Im Erdgeschoss sind Wände und Decken aus Stahlbeton und auf sechs Säulen aufgelagert, das Obergeschoss ist hingegen als leichter Holzrahmenbau ausgeführt. Die kleine Küche in der Eingangsebene ist in einer mit Birkensperrholz verkleideten Box untergebracht. Dieses eingeschobene „Holzmöbel" kann bei Bedarf mit Schiebeläden geschlossen werden und die Kochzeile verschwindet auf diese Weise aus dem Blickfeld der Bewohner. Die Treppe ins Obergeschoss führt zu einem Leseplatz auf der Galerie, der durch ein deckenhohes, über Eck laufendes Fenster belichtet wird. Auch für die Bibliothek dachten sich die Architekten eine platzsparende Lösung aus: sie ist in die Regalwand, die die Treppe entlang läuft, integriert.

Die drei Schlafräume in der oberen Etage orientieren sich mit großen Glasflächen nach Westen. Vorgelagerte Terrassen erweitern auch hier den Innenraum nach draußen, sodass Blickbeziehungen in das Atrium und die dahinter liegenden Bereiche im Erdgeschoss entstehen. Durch diese Sichtbezüge auf verschiedenen Ebenen gehen die Räume optisch ineinander über und wirken viel großzügiger.

▮ *Dieses Wohnhaus in einer Wiener Kleingartensiedlung gibt sich nach außen bescheiden und unscheinbar. In Maßstäblichkeit und Materialwahl fügt es sich unauffällig in seine Umgebung ein.*

▮ *Die Schlafräume in der oberen Etage haben direkten Sichtkontakt ins Grüne.*

▮ *Eine steile Treppe, die entlang der Grundstücksgrenze verläuft, führt zum Eingang auf der Ostseite.*

▮ *Der kleine Innenhof zwischen Wohn- und Arbeitszimmer hat etwas Fernöstliches. Er belichtet die angrenzenden Räume und sorgt für vielfältige Blickbeziehungen zwischen innen und außen.*

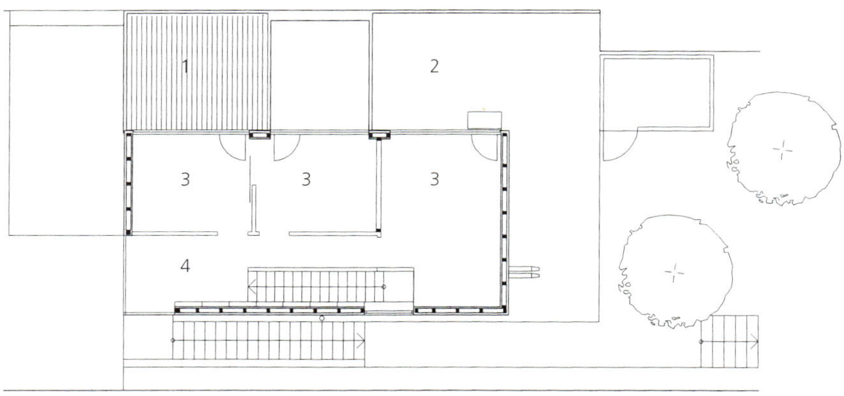

Obergeschoss
M 1:200

1 Terrasse
2 Elterngarten
3 Kinder, Eltern
4 Bibliothek

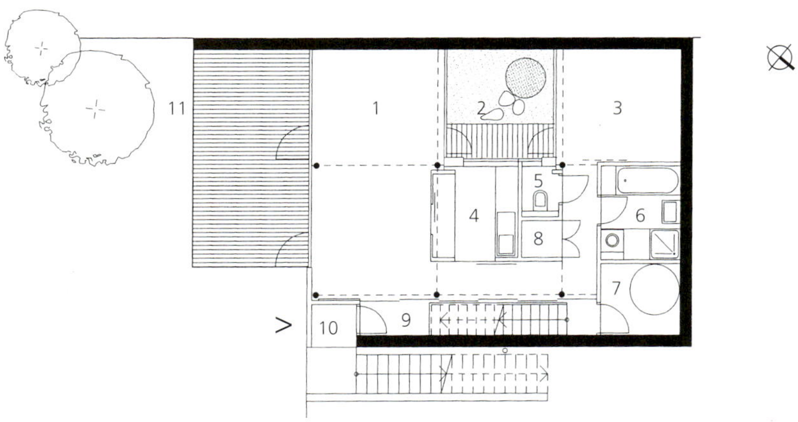

Erdgeschoss
M 1:200

1 Wohnen
2 Patio
3 Arbeiten
4 Küche
5 WC
6 Bad
7 Technik
8 Abstellraum
9 Garderobe
10 Eingang
11 Terrasse

▮ *Der Treppenraum ist gleichzeitig Bibliothek. Vom Leseplatz am Ende des Flurs blickt man durch eine raumhohe Über-Eck-Verglasung nach außen.*

▮ *Hinter der mit Birkenholz verkleideten Box verbirgt sich die Küche. Der Eingangsbereich verschwindet hinter einer textilen Schiebewand.*

Schnitt
M 1:200

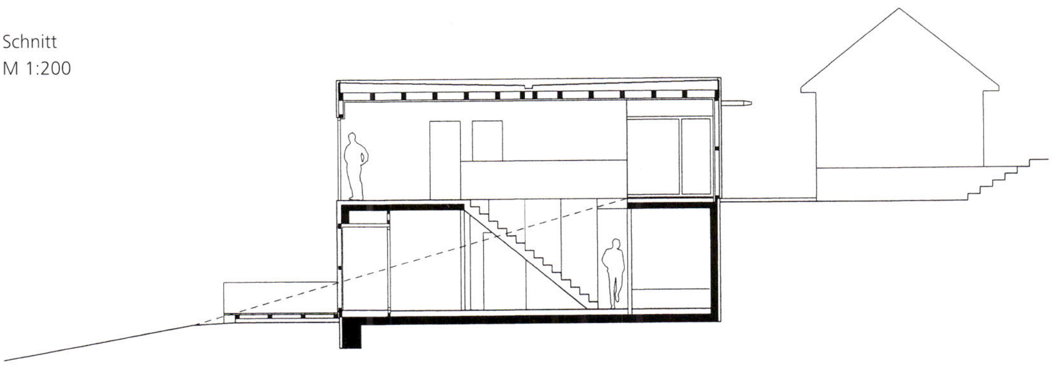

Büroprofil

Thaler.Thaler Architekten
Halbgasse 6/9
A-1070 Wien
Studienort:
Architekt Mag. Arch. Norbert Thaler/Dipl. Arch. ETH Ursina Thaler-Brunner:
Hochschule für Angewandte Kunst, Wien/ETH Zürich
Gemeinsames Büro:
seit 2000

Anzahl der Mitarbeiter:
2
Arbeitsschwerpunkte:
Wohnhäuser, Umbauten, Gewerbe- und Industriebauten und alle Aufgaben, die einen hohen Anspruch an Atmosphäre und räumliches Wirken stellen.
Arbeits- und Entwurfsphilosophie:
Für uns ist das Wohnhaus nicht nur eine architektonische Plastik, sondern vielmehr der architektonische Ausdruck einer sozialen Struktur.
Lehrtätigkeit:
Norbert Thaler war 1994–1999 Assistent von Prof. Hans Hollein an der Hochschule für Angewandte Kunst in Wien.

Gebäudedaten

Grundstücksgröße: 450 m²
Wohnfläche: 104 m²
Zusätzliche Nutzfläche: 4,8 m²
Anzahl der Bewohner: 4
Baukosten je m² Wohn- und Nutzfläche: ca. 1545 Euro
Baukosten gesamt:
ca. 168 000 Euro
Baujahr: 2002

ANERKENNUNG

>>> ARCHITEKTEN: MARKUS WESPI UND JÉRÔME DE MEURON, CAVIANO UND ZÜRICH

Stein auf Stein

FERIENHAUS IN MORCOTE/TESSIN

Lageplan

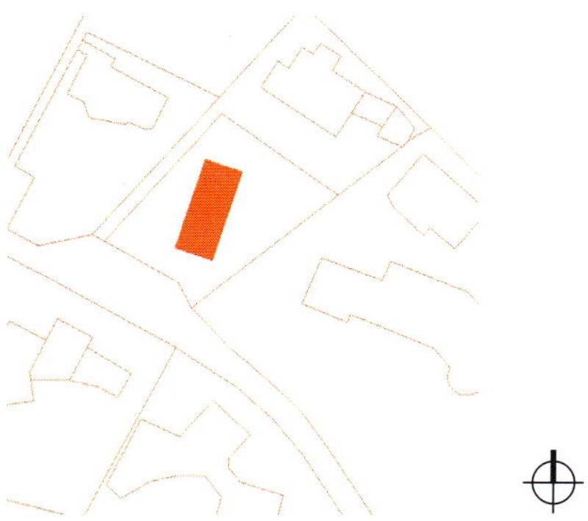

An einem steilen Südhang mit grandiosem Blick auf den Luganer See, nur wenige Gehminuten vom historischen Ortskern des Dorfes Morcote entfernt, erhebt sich dieser markante Backsteinkubus, den Markus Wespi und Jérôme de Meuron für ein Ehepaar aus Bern bauten. Das Grundstück liegt in einem Villenquartier, dessen Architektur trotz der räumlichen Nähe keinerlei Bezüge zum alten Dorf erkennen lässt. Ziel der Architekten war es daher, mit ihrem monolithischen Baukörper einen eigenen „Ort" mit eigener Identität zu schaffen, der sich zudem ganz auf die umgebende Landschaft konzentriert. Sie stellten das Gebäude daher leicht schräg zum Hang, sodass es sich in direkter Sichtachse zum gegenüberliegenden italienischen Hafenstädtchen Porto Ceresio befindet.

Der lang gestreckte Bau ist an seinen Seiten fast vollständig geschlossen und das Mauerwerk wird nur von wenigen, sparsam gesetzten Öffnungen unterbrochen. Die Stirnseiten hingegen sind im obersten Geschoss über die gesamte Breite verglast. Im Südwesten wird der Blick auf diese Weise gezielt nur in eine Richtung gelenkt – wie bei einem Fotoapparat wird das gegenüberliegende Seeufer „herangezoomt" und so die Nähe zum Wasser erlebbarer gemacht. Die umgebende, ortsuntypische Bebauung mit ihrer beliebigen Architektur wird gewissermaßen weggeblendet: man sieht nur, was man sehen soll.

Das Haus ist auf drei Ebenen organisiert. Durch ein eisernes Tor an der tiefer liegenden Seite des Grundstücks betritt man die hohe, schmale Eingangshalle, die nur spärlich durch einen konischen Trichter in der Fassade mit natürlichem Licht versorgt wird. Von hier führt eine acht Meter lange Kaskadentreppe, die dem natürlichen Verlauf des Geländes folgt, nach oben. Sie bildet gleichsam eine Gasse im Haus, durch die man, am Schlafgeschoss vorbei, hinauf in den lichtdurchfluteten offenen Wohn- und Essraum gelangt.

Der kompakte Kubus ist durchgängig aus Backsteinen gemauert, die auch das Aussehen der Innenräume bestimmen. Sowohl Wände als auch Böden, Treppenstufen und -brüstungen sind aus gebranntem Ton gefertigt und geben dem Bau eine archaische Strenge. Lediglich die Geschossdecken sind in Sichtbeton ausgeführt. Die Möblierung der Wohnloggia fügt sich wie selbstverständlich in das puristische Konzept ein. Sie entstand nach Entwürfen der Architekten und ist, wie auch die Küchenzeile, aus gewachstem Roheisen. Ein Haus wie aus einem Guss – mit einer ganz eigenen Identität.

▌*Traumgrundstück am Hang: Blick von Morcote auf den Luganer See.*

Der Eingangsbereich an der Straße. Nach außen hin wirkt das Haus verschlossen und beinahe abweisend. Die Anordnung der spärlich verteilten Fenster folgt der inneren Raumkonzeption.

Die acht Meter lange, kaskadenartige Treppe bildet eine Gasse im Haus. Sie führt von der Eingangsebene bis zur Wohnloggia unterm Dach.

Die Stützmauern, die den steilen Hang abfangen, sind mit Roheisen verkleidet und wirken wie abstrakte Kunstwerke.

Untergeschoss
M 1:200

1 Vorplatz
2 Abstell- und Fahrradraum
3 Eingang
4 Garderobe
5 WC
6 Sauna
7 Keller
8 Waschen, Abstellraum, Heizung, Technik

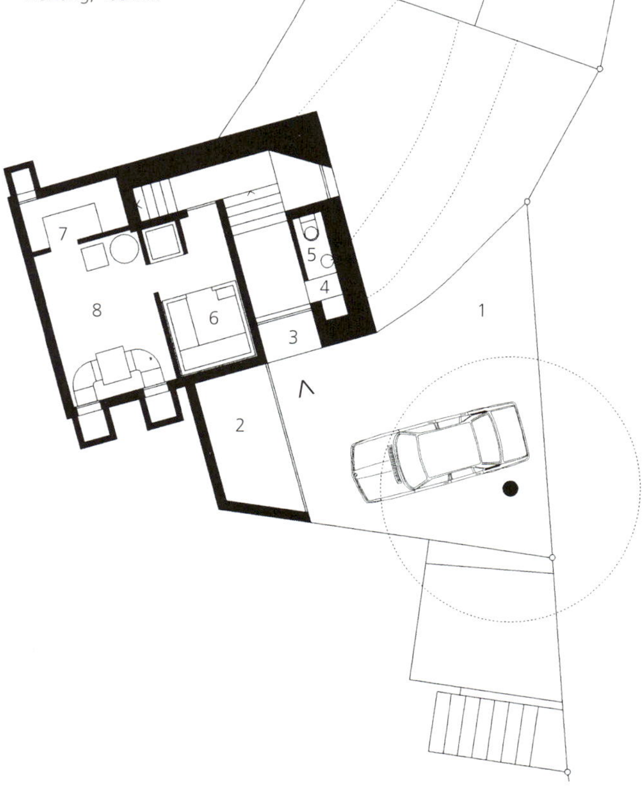

Erdgeschoss
M 1:200

1 Bibliothek
2 Schlafen, Arbeiten
3 Dusche, WC
4 Schrank

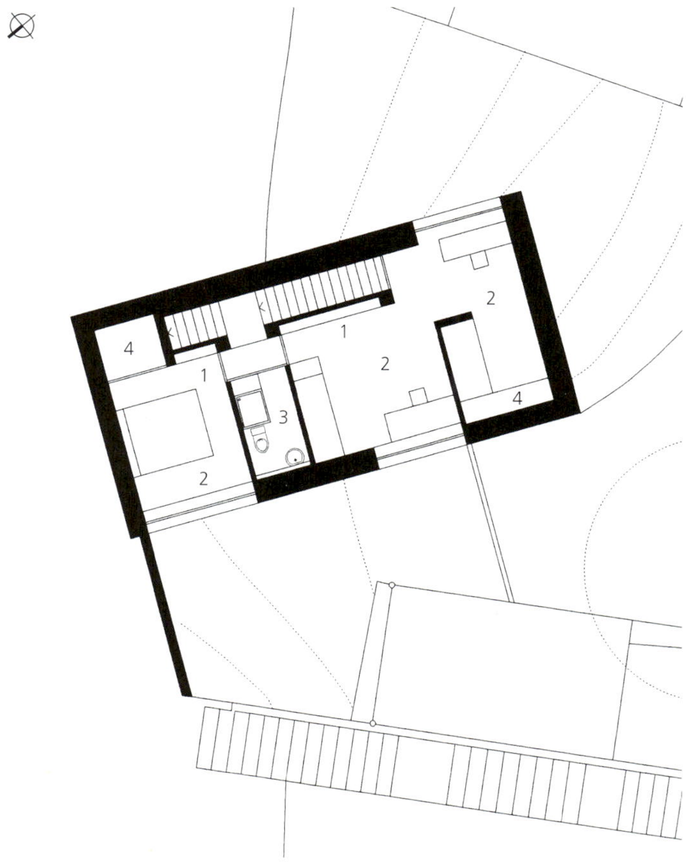

▮ *Schöne Aussichten: Von der geschützten Loggia an der Südseite blickt man direkt aufs Wasser und in die freie Landschaft.*

▮ *Rechts: Der Wohnbereich unterm Dach ist an beiden Stirnseiten raumhoch verglast und wirkt erstaunlich hell. Die Möbel aus gewachstem Roheisen unterstreichen das puristische Konzept.*

Obergeschoss
M 1:200

1 Kochen
2 Essen
3 Wohnen
4 Loggia
5 Gartenhof

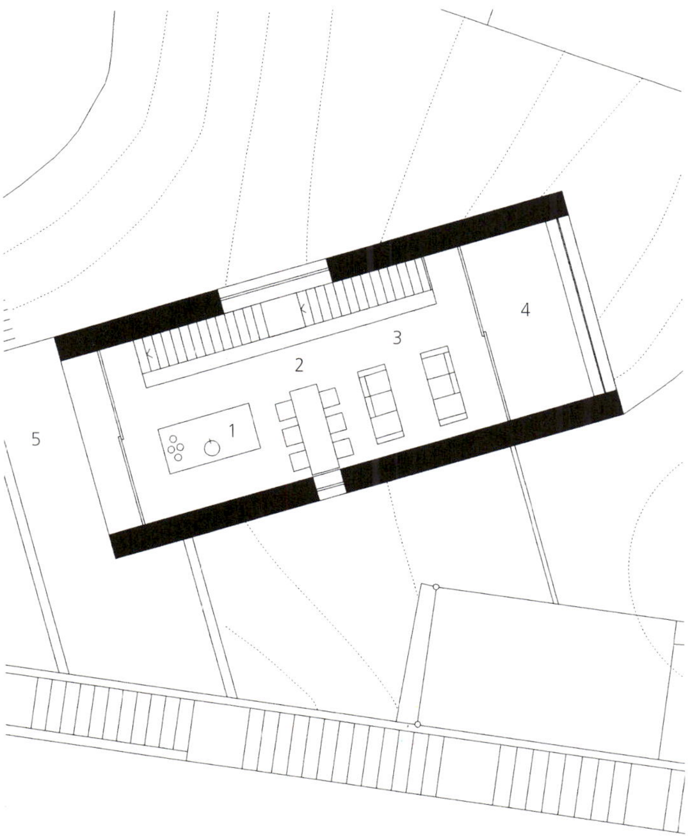

Büroprofil

Markus Wespi
Jérôme de Meuron
Architekten AG
Postfach 57
CH-6578 Caviano TI
www.wespidemeuron.ch

Studienort:
Markus Wespi/Jérôme de Meuron: Autodidakt/Technikum Burgdorf

Eigenes Büro:
seit 1984, seit 2002 in Büropartnerschaft mit Jérôme de Meuron

Arbeitsschwerpunkte:
Wohnungsbau

Arbeits- und Entwurfsphilosophie:
Architektur

Gebäudedaten

Grundstücksgröße: 450 m²
Wohnfläche: 120 m²
zzgl. 20 m² Loggia
Zusätzliche Nutzfläche: 25 m²
Anzahl der Bewohner: 2
Baukosten je m² Wohn- und Nutzfläche: 3935 sFr.
Baukosten gesamt: 610 000 sFr.
Fertigstellung: 2003

A2architekten
Koronowski|Lautner|Roth
Oberer Graben 3a
D-85354 Freising
www.A2architekten.de
Seite 86
Fotos:
www.Markus-Steur.de

Archifactory.de
Matthias Herrmann und
Matthias Koch
Architekten-Partnerschaft
Markstraße 254
D-44799 Bochum
www.archifactory.de
Seite 50
Fotos: Gernot Maul, Münster
Foto Seite 52 r.u.: Archiv
Architekten

Bauart Architekten AG
Willi Frei, Peter C. Jakob,
Marco Ryter
Laupenstraße 20
CH-3008 Bern
www.bauart.ch
Seite 28
Fotos: Peer-Oliver Brecht,
Stuttgart
Einrichtung mit freundlicher
Unterstützung der Firma
Ligne Roset

Becher + Rottkamp
Dipl.-Ing. Architekten BDA
Andreas R. Becher,
Elmar L. Rottkamp
Lietzenburger Straße 51
D-10789 Berlin
www.becher-rottkamp.de
Seite 34
Fotos: Werner Huthmacher,
Berlin

Ernst Beneder
Dipl.-Ing. Architekt
Wollzeile 19/17b
A-1010 Wien
Seite 144
Fotos: Margherita Spiluttini,
Wien

BUB Architekten
Alexandra und Marion Bub
Wachtküppelstraße 24
D-36163 Poppenhausen
Liebigstraße 33
D-64293 Darmstadt
www.bub-architekten.de
Seite 74
Fotos: Archiv Architektinnen

buddenberg.architekten
Oliver Buddenberg
Tannenstraße 9
D-40476 Düsseldorf
www.buddenberg-architekten.de
Seite 58
Fotos: Michael Reisch,
Düsseldorf

DD1 Architekten
Eckhard Helfrich, Lars Olaf
Schmidt, Rainer W. Strauss
Freie Architekten
Chemnitzer Straße 78
D-01187 Dresden
www.dd1architekten.de
Seite 62
Fotos: Petra Steiner, Berlin

Büro DREER 2
DI Andreas Dreer
DI Michaela Dreer
Sonnleitengasse 23
A-3420
Kritzendorf/Klosterneuburg
www.dreer2.at
Seite 130
Fotos: Bruno Klomfar, Wien
Foto Seite 132 r.u.: Archiv
Architekten

Harald und Susanne Eder
DI Architekten
Sulzengasse 10 A
A-2103 Langenzersdorf
harald_eder@utanet.at
Seite 134
Fotos: Manfred Seidl, Wien

**Friedl und Partner
Architekten**
Dr.-Hans-Kapfinger-Straße 30
D-94032 Passau
www.architektur-passau.de
Seite 98
Fotos: Christian Boehm,
München

ARCHITEKTURbüro Früh
Dipl.-Ing. Architekt
Alexander Früh
Lochbachstraße 6
A-6971 Hard
www.frueh.at
Seite 13, 106 und Seite 112
Fotos: Adolf Bereuter,
Lauterach

Roland Hagmüller
Architekt Mag. Arch.
Rotenturmstraße 11/14
A-1010 Wien
www.hagmueller.com
Seite 140
Fotos: Manfred Seidl, Wien

Architekten Hirschmüller Schmidt Kaschub
Andreas Hirschmüller, Gerrit
Schmidt, Marcel Kaschub
Liebigstraße 50-52
D-64293 Darmstadt
www.iiii.de
Seite 70
Fotos: Thomas Eicken,
Mühltal

Holz Box Tirol
Armin Kathan, Erich Strolz
Colingasse 3
A-6020 Innsbruck
www.holzbox.at
Seite 126
Fotos: Bruno Klomfar, Wien

k_m architektur
Arch. DI Daniel Sauter
Büro Bregenz (Österreich)
Seglerweg 1
A-6900 Bregenz
Büro Lindau (Deutschland)
Hochbucher Weg 58
D-88131 Lindau
www.k-m-architektur.com
Seite 102
Fotos: k_m architektur_Daniel
Sauter

Architekturbüro Kappelmeyer
Dipl.-Ing. Architekt Thorsten
Kappelmeyer
Platanenhof 2
D-30659 Hannover
architekt.kappelmeyer@vr-web.de
Seite 46
Fotos: Archiv Architekten

Marte.Marte Architekten
Bernhard und Stefan Marte
Totengasse 18
A-6833 Weiler
www.marte-marte.com
Seite 116 und Seite 120
Fotos Seite 117, 118
(Ferienhaus, Furx) und Seite
122 oben, 123 (Haus Marte,
Dafins): Ignacio Martinez,
Lustenau
Fotos Seite 121, 122 unten,
125 (Haus Marte, Dafins):
Albrecht Imanuel Schnabel,
Götzis

Martini Architekten BDA
Haager Weg 38 a
D-53127 Bonn
www.martini-architekten.de
Seite 66
Fotos Seite 68: Constantin
Meyer, Köln
Foto Seite 67: Roman Ray,
Köln

Meck Architekten
Prof. Dipl.-Ing. Architekt BDA
Andreas Meck
Kellerstraße 39
D-81667 München
www.meck-architekten.de
Seite 90
Fotos: Michael Heinrich,
München

Meixner Schlüter Wendt Architekten
Claudia Meixner, Florian
Schlüter, Martin Wendt
Fischerfeldstraße 13
D-60311 Frankfurt
www.msw-architekten.com
Seite 82
Fotos: Dieter Leistner, Mainz
Foto Seite 83: Christoph
Kraneburg, Köln

Wolff Mitto
Prof. Dr.-Ing. Architekt
Dorfstraße 16
D-25376 Borsfleth
wolff@mitto.de
Seite 40
Fotos: Olaf Hauschulz, Hamburg

Morger & Degelo
Architekten BSA/SIA
Meinrad Morger, Heinrich Degelo, Benjamin Theiler
Spitalstraße 8
CH-4056 Basel
www.morger-degelo.ch
Seite 22
Fotos: Kuhnle + Knödler, Radolfzell

Heike Schneider und Jörg Schaal
Eichenweg 6
D-34253 Lohfelden-Vollmarshausen
schaal-schneider@t-online.de
Seite 54
Fotos: Meike Best, Kassel

SoHo Architektur
Alex Nägele und Jörg Schießler
Rehmstraße 4
D-86161 Augsburg
www.soho-architektur.de
Seite 94
Fotos: Rainer Retzlaff, Kempten

Thaler.Thaler Architekten
Architekt Mag. Arch.
Norbert Thaler
Dipl. Arch. ETH
Ursina Thaler-Brunner
Halbgasse 6/9
A-1070 Wien
suit.architektur@t-online.at
Seite 8, 148
Fotos: Sina Baniahmad, Wien

Traut Architekten
Michael Traut, Christine Pietsch
Feldbergstraße 15
D-65520 Bad Camberg
www.traut-architekten.de
Seite 78
Fotos: Thomas Balzer, Frankfurt

Markus Wespi und Jérôme de Meuron
Postfach 57
CH-6578 Caviano TI
www.wespidemeuron.ch
Seite 152
Fotos: Archiv Architekten

Bildnachweis Einleitung und Umschlag
Einleitung:
S. 9, 16 l Bildarchiv Foto Marburg; S. 12 aus: Schuster, Schwäbisches Heimatbuch, Stuttgart 1941; S. 16 r © artur/Fabrizio Carraro/electa; S. 17. © artur/Peter Cook/VIEW; S. 18 Frank Lloyd Wright Foundation; S. 19, H.-J. Breuning S. 20 aus: Krausse, Lichtenstein: Your Private Sky – R. Buckminster Fuller, Baden 1999; S. 21 aus: Klotz: Visionen der Moderne, München 1986.
Umschlaggestaltung Guido Hoffmann, München, unter Verwendung der Abb. von S. 23 (vorne), 79, 87, 107.

Die Lagepläne wurden von Jens Schiewe in eine einheitliche Form gebracht.
Alle übrigen abgebildeten Zeichnungen und Pläne wurden von den jeweiligen Architekturbüros zur Verfügung gestellt.

IMPRESSUM

Dieses Buch ist in Zusammenarbeit mit dem internationalen Architekturmagazin HÄUSER des Verlags Gruner + Jahr erschienen und bildet die Ergebnisse des Wettbewerbs HÄUSER AWARD 2004 „Haus des Jahres" ab.

Streitfeldstraße 35, 81673 München
www.callwey.de
E-mail: buch@callwey.de

Die Deutsche Bibliothek verzeichnet diese Publikation in der Deutschen Nationalbibliografie; detaillierte bibliografische Daten sind im Internet über http://dnb.ddb.de abrufbar.

ISBN 3-7667-1598-4

Layout und Satz:
Griesbeck & Griesbeck, München
Druck und Bindung:
Druckerei Auer, Donauwörth

Printed in Germany 2004

CALLWEY

Für die Zukunft gestalten.

Auf der Insel zuhause

Viele Menschen träumen von einem Haus auf Mallorca, im urbanen Palma oder im noch ursprünglichen Inneren der Insel. Dieses Buch zeigt 16 sorgfältig recherchierte Projekte, vom spartanischen Dorfhaus über die weiträumige Finca bis zur opulent ausgestatteten Stadtresidenz. Meist sind es behutsame Modernisierungen vorhandener Bausubstanz, doch auch die neueren Bauten fügen sich architektonisch in Bestand und Tradition ein. Alle Projekte werden mit Grundrissen sowie Fotos ausführlich dokumentiert. Juristische Hinweise zu aktuellen Bauvorschriften helfen beim Immobilienerwerb.
Ein Buch für alle, die ihren Traum vom Haus auf der Insel erfüllen wollen.

Thomas Drexel
Häuser auf Mallorca
160 Seiten, 167 Abbildungen, 21 Grundrisse.
Gebunden.
€ 68,– / sFr. 115.–
ISBN 3-7667-1544-5

www.callwey.de

Genuss unter freiem Himmel

Gisela Keil gibt Inspirationen zur Terrassengestaltung und präsentiert Ideen für malerische Sitzplätze inmitten des Gartens. Lauben und Pavillons in den verschiedenen Ausprägungen erweitern das umfassende Spektrum der Gartengestaltung. Tipps zu einzelnen Pflanzen und ihren Standorten helfen bei der praktischen Umsetzung der Freiluftoasen mit Wohnkomfort.

Gisela Keil,
Nik Barlo jr./Christa Brand
Terrassen und Sitzplätze
128 Seiten, 165 Abbildungen, 13 Skizzen.
Gebunden.
€ 36,– / sFr. 62.10
ISBN 3-7667-1552-6

5 -

3/24